U0336515

学会如何学习

Learning How to Learn:
How to Succeed in School Without Spending All Your Time Studying

[美] 芭芭拉·奥克利（Barbara Oakley）
[美] 特伦斯·谢诺夫斯基（Terrence Sejnowski）
[英] 阿利斯泰尔·麦康维尔（Alistair McConville） 著
汪幼枫 译

机械工业出版社
CHINA MACHINE PRESS

图书在版编目（CIP）数据

学会如何学习 /（美）芭芭拉·奥克利（Barbara Oakley），（美）特伦斯·谢诺夫斯基（Terrence Sejnowski），（英）阿利斯泰尔·麦康维尔（Alistair McConville）著；汪幼枫译．—北京：机械工业出版社，2020.1（2023.3 重印）

书名原文：Learning How to Learn: How to Succeed in School Without Spending All Your Time Studying

ISBN 978-7-111-63241-2

I. 学…　II. ①芭…　②特…　③阿…　④汪…　III. 学习方法　IV. G442

中国版本图书馆 CIP 数据核字（2019）第 262775 号

北京市版权局著作权合同登记　图字：01-2019-2822 号。

学会如何学习

出版发行：机械工业出版社（北京市西城区百万庄大街 22 号　邮政编码：100037）
责任编辑：姜　帆　　杜晓雅
责任校对：李秋荣
印　　刷：北京铭成印刷有限公司
版　　次：2023 年 3 月第 1 版第 9 次印刷
开　　本：147mm×210mm　1/32
印　　张：10
书　　号：ISBN 978-7-111-63241-2
定　　价：59.00 元

客服电话：（010）88361066　68326294

该书的作者们拥有深厚的神经科学根基，但书的内容却始终贴近现实生活，这对任何年龄的学习者而言都价值匪浅。

——**亚当·盖扎利（Adam Gazzaley）**，

医学博士、哲学博士、加利福尼亚大学旧金山分校神经病学、生理学和精神病学教授

在这本极其通俗易懂和生动活泼的书中，三位作者阐述了大脑和行为动态是如何构成有效学习的基础的，而且他们的阐述方式会让年轻的学习者觉得容易理解，甚至会感到很有趣。

——**罗伯特·A. 比约克（Robert A. Bjork）**，

加利福尼亚大学洛杉矶分校杰出心理学研究教授

本书可以让青少年知道，稍微了解一下他们的大脑是如何工作的，对于提高他们的学习成功率大有帮助。这本独特的书中充满了有趣的学习策略——我强烈推荐它！

——宝拉·托拉尔（Paula Tallal），

哲学博士、罗格斯大学神经科学荣誉教授理事会成员和科学学习公司创始人

我如饥似渴地分三次读完了本书（因为我还需要花时间去进行发散思考、主动回忆和睡眠）。真是一本好书！

——杰夫·桑德福（Jeff Sandefer），

阿克顿商学院共同创始人

译者序

我和我亲爱的孩子多年来一直是“学霸”妈妈与“学渣”儿子的样板图——我这里用了引号，那是因为我的内心并不认可这样的身份标识。我甚至认为我的孩子其实比我更聪明，更富有创造力，只是他那小脑袋瓜的运作方式与当前的教育方式和理念有点不兼容。我始终相信，一定有适合他的学习方法，可以让他充分发挥优势，通过自己的努力有效地克服缺点，体会到学习的乐趣（我一直认为真正的“学霸”一定能在求知的过程中获得乐趣和满足感），从而发展出求知的欲望和能力。

孩子的小学五年过得并不容易，他的一点点小进步在很多老师眼里可能微不足道，但却足以让我坚持保护他幼小心灵中的小小火苗。后来我幸运地接到翻译这本书的邀请，翻译到一半，我就已经开始让孩子试着使用书中的方法了。在我看来，这本书的卓越之处在于，用生动有趣的方式描述了大脑运作的一般规律和特殊规律，这样，我们就可以在遵循一般原则的前提下进一步找到适合自身情况的特殊方法，从而大大提高学习效率。这本书始终立足于有据可查的科学研究和发现，澄清关于学习的误解，并针对学生们最关心的问题提供简单、有效，并且也很有趣的解决办法。

作者亲切、严谨的文风让我的孩子自然而然地对本书产生了信任感，所以愿意尝试书中提供的方法。这本书并没有让他立刻变成“学霸”，但是在不到一年的时间里，原先那个“入水即沉”的“小秤砣”已经能够靠着自己的努力保持在水面浮浮沉沉了，偶尔还能冲进年级前列。如果说成绩本身只是体现了某一阶段的学习成果，那么孩子在这个过程中培养出来的自信和对学习的兴趣则是无价的，能够让他终身受益。

所以，我愿意向所有的年轻人和家长推荐这本书，并且为能够帮助将这本书介绍给中国读者而感到高兴，尤其希望有更多的孩子能够通过这本书找到适合自己的学习之路。

汪幼枫

致父母和教师

欢迎打开这本书，您这么做其实是在帮助年轻人更有效地学习，这意味着我们已经属于同一个团队了！

这本书中的一些理念在芭布[㊀]的畅销书《学习之道》(*A Mind for Numbers*)中讨论过。许多读者认为这些理念不仅很简单，而且实用性很强，所以应该将它们与年轻人分享。我们也听到成千上万的人说，这些理念对于学习所有学科都很有用，而不仅仅是数学。

因此，这本书是为青少年写的，不过成年人也会从中发现一座宝库，里面充满了新颖而实用的理念。稍微了解一下大脑是如何工作的，可以让学习多些趣味、少些沮丧。

㊀ 芭芭拉的昵称。——译者注

这本书有好几种阅读方式。一些青年人可能想独自阅读它。他们可以和朋友们讨论书中的关键理念，以便让这些理念在脑海中得到巩固。一些青年人（和成人）或许只想浏览一下这本书，觉得只要从头到尾读一遍，就能知道该知道的一切。这种想法可是大错特错！积极参与才是关键——那些练习只有做过才会有帮助。读这本书时最好在一旁放一本笔记本，用来做笔记、回答问题、针对关键的见解做些涂鸦。对于那些年轻的“浏览者”而言，和一位成年人进行分享、提问和互动的机会越多，收获就会越大。

如果您是孩子的父母、（外）祖父母、姑姨、叔舅等，我们建议让孩子向您大声朗读这本书。一般来说，一次阅读半个小时正合适。（年龄较小的孩子可以适当缩短时间。）朗读是一种有趣的开拓性活动，作为一家人，你们可以一起学习。

如果您是老师，您可能希望和学生们一起读这本书。或者您可以安排一段时间的默读，然后进行一次集体讨论。您会发现这本书让您获得了一份共享词汇表，可以帮助您教授其他科目。

在人们学习如何学习时，越年轻越有优势，因为这意味着可以比别人提前很多年使用这些方法。同时，这也为随着现代社会

的变化而出现的卓越的新职业打开了大门。

感谢您加入我们的学习之旅。现在就让我们开始吧！

——芭布·奥克利、

特里[一]·谢诺夫斯基和阿尔[二]·麦康维尔

[一] 特伦斯的昵称。——译者注

[二] 阿利斯泰尔的昵称。——译者注

爱好的问题

你好，我叫芭布，很高兴认识你。

我有一个秘密。在成长的岁月中，我有时候是个糟糕的学生。当然了，在喜欢的科目上我表现得很不错，但如果遇到不喜欢的，那就不提也罢。

当年大家都建议我听从爱好的召唤。我想他们的意思是，去做你喜欢做的事，别做你不喜欢做的事。当时我也觉得这是很好的建议。我憎恶数学和自然科学，所以我逃避这些科目，把它们视作毒药。如果我不得不修读那些课程，那么我的成绩会很差，或者干脆考不及格。

现在我是一名工程学教授。你是不是觉得很意外？工程师可是需要深厚的数学和自然科学功底的呢。现在我的数学和自然科学非常棒，而且我很热爱它们。想知道我是怎么做到的吗？那是因为我找到了学好它们的诀窍。

这是我，芭布·奥克利。我意识到，我能学会的东西远远超出了我自以为能学会的。

这本书讲述的是如何成为一名成功的学习者。它是专为青少年撰写的，但是它所传授的经验适用于所有人，并且能应用到各种类型的学习中。无论你的兴趣在哪里，英式足球（soccer，全世界的人就管它叫足球（football）！）、数学、舞蹈、化学，骑独轮脚踏车，学习另一门语言，提高视频游戏技能，或者是理解球反弹的物理学原理，这本书都值得你一读。

大脑很奇妙，它是宇宙中最精妙复杂的装置，会根据你使用它的方式改变自己的结构。

几乎任何人都能学好任何一门功课，只要大家对学习能再多一点了解。你的大脑比你认为的更为强大，而你所要做的仅仅是启动它的力量。有一些简单的窍门可以改善你的学习状况，不管你目前是否已经学得很好，或者不那么好。这些窍门也可以让学习变得更加有趣。（例如，你在本书中会遇到一些“僵尸”，但是别担心，它们大多很友好，想在学习上助你一臂之力！）

这本书是我和特里·谢诺夫斯基教授共同撰写的。特里在脑科学，即“神经科学”方面知识渊博。说到学习，特里可是一名专家。他和其他神经科学家合作，帮助我们学得更好。而关于人类是如何学习的，来自其他研究领域的研究者，如心理学[㊀]和教育领域的教授，也正在做出许多发现。

㊀ 本书脚注通常会针对次要话题提供有趣的信息，或者是只对少部分读者群体有用的信息。脚注并不是非看不可的，除非你觉得好奇，想多了解一些背景知识。

心理学（psychology）是研究我们为什么会形成某种思维和行为方式的科学。一些喜欢开玩笑的人总爱说，心理学是一门用你无法理解的语言讲述你已经知道的事情的科学。心理学的确会用一些高深的字眼来表达重要的思想，在本书中，我们会尽力把它们转换成你们能理解的语言。

这是我的合著者特里·谢诺夫斯基。他是研究大脑的专家。

我和特里想和大家分享所有这些研究领域的经验。我们想帮助你改善学习能力。我和特里在这本书中提供了有科学依据的经验。

这是阿利斯泰尔·麦康维尔，我们的另一位合著者。阿尔多年来一直在向青少年授课！

阿利斯泰尔·麦康维尔也是我们著作团队中的重要一员。他有着多年向青少年授课的经验，所以他帮助我们把这本书变得更为通俗易懂。

我和特里知道，你的学习能力是可以提高的。我们是怎么知道的？这是因为我们在教授世界上规模较大的“大型开放式网络课程”（“慕课”）。它叫作“学习如何学习”（Learning How to Learn）。我们拥有数百万名学生。通过这门课，我们看到各种各样的人在学习技能上取得了很大进步。这门课程会如此有效并不奇怪，因为它是以我们所知道的关于如何学习的研究成果精华为基础的，所以我们知道它必然有效！

即使是优秀的学生也可以进一步提高他们的学习能力，那些尚未取得佳绩的学生也一样。我们要向你传授的学习技巧和经验不一定会让学习变得超级简单，但它们会让你有更多时间去做你喜欢做的事情，比如玩视频游戏、踢足球、观看 YouTube 视频，或者就是跟朋友们一起玩。事实上，你还可以运用这些理念来提高你踢足球和玩视频游戏的能力！

学习如何学习将使你在学校的岁月多些趣味、少些沮丧。我们会赋予你强大的工具，用来改善记忆、提高效率，并帮助你成为你所选择的任何科目方面的专家。你会洞悉奇妙而令人鼓舞的事实。例如，如果你在学习方面进度迟缓、困难重重，那么你其实在创造力方面拥有特殊的优势。

不过，学习如何学习还有另一个好处。它能为你的未来开拓全新的领域。未来的工作需要拥有多种不同天赋的创造性人才，而我们就是要帮助你开发蕴藏于自身的众多天赋和创造力。

如果你愿意，可以直接跳到后面的章节阅读！

如果你想直接了解最好的学习诀窍，可以直接去读本章结尾处的“现在你来试试！”。但是如果你想对芭布的过去有更多的了解，以及她是如何改变大脑来更好地学习的，那就继续往下读吧。（你将跟她一同前往南极洲的南极点。）

之后，你还将有机会听到特里和阿尔的故事，你会看到我们所有人都是那么的不同。

我是如何改变我的大脑的

小时候，我喜欢动物和手工，但不喜欢数字。我讨厌数字。例如，老式时钟让我感到很困惑。为什么时针会比分针小？小时难道不是比分钟更重要吗？那么为什么时针不是最大的呢？为什么时钟会如此令人困惑？

10 岁的我和羊羔“伯爵”在一起。我喜欢动物、阅读和梦想。数学和科学不是我的菜。

我也不擅长技术。我弄不清楚电视机上所有的按钮都是干什么用的（那时候还没有遥控器呢），这意味着我看电视节目时必须有兄弟姐妹在一旁处理“技术”方面的事情。所以我对数学和科学这样的课程不是很有信心。

后来家里发生了不幸的事情，生活变得更糟。在我十几岁的时候，父亲因为背部受伤失去了工作，所以我们不得不搬家。事实上，在我成长的岁月中，我们经常搬家。到我 15 岁时，我已经在 10 个不同的地方住过了。每搬一次家我就要转一次学，每次都会错过一些数学课。我感到无所适从，这就好像拿起一本书，发现所有的章节都乱七八糟，完全看不懂是怎么回事。

我对数学彻底失去了兴趣，我几乎会因为自己数学成绩差而感到骄傲。上天注定我学不好，“我就是这样的人”。在我的眼里，数字和方程式无异于洪水猛兽，必须不惜一切代价绕开它们。

我也不喜欢科学。在我第一次做化学实验时，老师发给我和我的搭档的化学物质跟班上其他同学的都不一样。当我们努力想让实验结果跟其他人一样时，他却取笑我们。

幸运的是，我在其他科目上表现比较好。我喜欢历史、社会研究和所有与文化相关的课程。靠着在这些课程取得的成绩，我得以从高中毕业。

由于我对数字很头疼，所以我决定学一门外语。从小到大，我周围的人都只会说英语，能说两种语言感觉很有异国情调，但是我上不起大学。我该怎么办？

我发现军方会付钱让我学一门新的语言。所以，高中毕业后，我立刻就参军学习俄语。为什么要选择俄语？没有什么特别的理由。我只是觉得俄语似乎很有趣。

我在位于加利福尼亚州的国防语言学院学习，那里有最棒的语言教学技巧。学习一门新的语言对我来说并不容易。我的记忆力不好，所以我不得不勤加练习。可是慢慢地，我好了起来。

最后我取得了足够好的成绩，申请到奖学金（用于上学的免费补贴）去上一所正规、完善的大学。在那里，我继续学习俄语。我简直太开心了！我听从爱好的召唤，去学习一门新的语言，结果获得了回报。

只除了一件事，那就是……

天降灾祸

军方派我去一个地方当军官，那就是陆军通信兵部队。这意味着我的工作对象将是我的宿敌——技术。无线电、电缆和电话……作为一名语言专家，我觉得自己又回到了高中化学课堂。我感到不知所措。

接着，我被派到德国去管理一个由 50 名士兵组成的专门从事通信工作的小组。这一来技术活更多了。结果证明，我干得很糟糕。如果连我自己都安装不来通信装置，我又如何告诉士兵们该怎么做呢？

我周围的其他军官和他们所领导的小组都干得很出色。他们是工程师，所以在技术、数学和科学领域如鱼得水。

我在 26 岁时退伍，很少有人想雇用我。我的语言能力很强，但我没有任何其他技能可以帮助我找到工作。我意识到，如果仅仅是听从爱好的召唤，我是没有多少选择机会的。

语言和文化永远都是重要的，但是在今天，科学、数学和技术也很重要。我很希望能够获得这些领域所提供的一些令人兴奋的新机遇！但是要做到这一点，我必须重新训练我的大脑去学习数学和科学。对我这样的人来说，有这种可能性吗？

我决定试一试。

重新安排我的职业生涯

我重返大学，学习工程学。我从尽可能低的起点开始修习数学，选择了为中学代数不及格的学生开设的代数课。

一开始，我觉得自己两眼一抹黑。其他学生能轻松找到解决问题的方案，而我却不行。在最初的几个月里，我很怀疑自己的决定是否正确。

要是我当时拥有我现在所拥有的知识就好了，那样我的日子会好过许多。当然了，这本书的目的就在于此。我们想跟大家分享最棒的学习方法，这样你们就不必像我当年那样痛苦了。在大学里面待了几年后，我的就业机会得到了改善。我仍然在使用我的语言技能。比如，我曾经在一艘俄罗斯渔船上做过翻译。但是我也开始使用我的新技能。我甚至去南极科学考察站当过无线电操作员。

顺便说一下，南极科考站正是我遇见我丈夫菲尔的地方。在拍摄下面这张照片时，他在零下 57 摄氏度的狂风中只待了 10 分钟。我必须来到地球的尽头才能遇见这个人！如果我没有学会如何学习数学和科学，我就不会遇见他了。现在，我们已经结婚将近 35 年了。(稍后你还会见到我们的一个孩子。)

终于，我在毕业时拿到了一个电气工程的新学位。在当了四年的工程师之后，我重返学校，攻读电气和计算机工程硕士学位。接着，又经过几年的学习，我获得了系统工程学的“博士学位”。这就是为什么人们有时会叫我奥克利“博士”。(但我还是更喜欢别人叫我“芭布”。) 我成了一名复杂数学方程式和科学概念方面的专家，这就是当年那个连电视机都对付不了的小女孩所取得的成绩。

我的丈夫菲尔·奥克利，这是他在南极洲约零下 57 摄氏度的户外待了 10 分钟后的模样。他是我的英雄！

我给我的大脑“重新布线”，这样就可以克服我的弱点了。

作为一名教授，我现在对人类的学习方式非常感兴趣。我就是这样认识了我的合著者特里·谢诺夫斯基的。我们经常在一起讨论人是如何学习的。这样一来，我又认识了我们的另一位合著者阿利斯泰尔（“阿尔”）· 麦康维尔。他通过一种不同寻常的方式学会了如何学习。

我们想跟大家分享有关大脑最佳学习方式的经验。这些技巧很简单。有很多才华横溢的成年人告诉我们，如果他们在年轻时知道这些简单易懂的方法就好了，这会使他们的学习变得容易许多。这甚至可能改变他们的学习方向。可惜当年他们并不知道自己拥有这种内在的力量。

你拥有特殊的学习天赋。如果你能在年轻时让它发挥作用，那么你就将终身受益无穷。

人们很容易相信，你应该只专注于对你来说很容易的科目，但是我的经历表明，你甚至可以在你不喜欢的科目上做得很好。事实上，听从爱好的召唤是可以的。但是我也发现，拓宽我的爱好领域为我带来了许多美好的机遇。学习我原先认为自己学不好的新科目竟然变成了一种探险！

一旦在某一个科目上遇到挫折，人们就很难相信自己能够成为成功的学习者，但是神经科学（即“大脑科学”）证明，他们错了。你的大脑就像一个不可思议的工具箱，你的任务就是学会什么时候以及如何使用这些工具。毕竟，你不能用锤子来拧螺丝。

好吧，关于我的个人经历以及我和特里、阿尔为什么要写这本书，说这些就够了。在下一章，我将告诉你，当你的学习过程变得令人沮丧时，究竟发生了什么。有一个简单的窍门可以让你的学习变得轻松愉快些。

现在你来试试！ 进行一次图文漫步！

我过去常常一页一页地翻阅课本。我试图确保自己在翻页前已经理解了这一页上的所有内容。听上去很明智，对不对？

你千万不要这样做！这样做大错特错。

相反，当你开始读一个新的章节时，应该进行一次“图文漫步”[1]。你应该浏览它，简要地看一下所有的图片、说明文字和图表，还有章节标题、粗体字以及概要，甚至还有章节末尾提出的问题——如果这本书中有这些问题的话。

在你开始阅读之前，在书中进行一次“图文漫步”，看看图片和章节标题，这是很重要的。

这看起来可能有点疯狂，因为你还没有好好阅读这个章节呢，但这是在给你的大脑一个概念，让它知道接

[1] 有时候这也叫作“文本漫步”。

下来会发生什么。这就有点像观看电影的预告片，或者是在开始旅行之前查看地图。你会惊奇地发现，如果在深入阅读之前花一两分钟时间浏览一下，你就可以组织自己的思维了。即使是在电子设备上进行阅读，这也是可行的。你只需要把书签放在章节开始处，就可以轻松地返回了。

这就有点像个壁橱。“图文漫步”能为你提供“衣架”，让你整理正在阅读的信息。没有衣架，衣服就会乱七八糟地掉在地上。

重要提示！准备好一本笔记本或者是一张纸，当你阅读下一章时，用来做笔记、回答问题，并且针对关键的见解做些涂鸦。这将帮助你避免无意识的阅读，并且有助于新的想法在你的大脑中得到巩固。当然，在你开始阅读这一章之前，一定要做一次图文漫步。

此外，请试着回答章节末尾的一些问题，这样你就会对自己的学习目标有一定的认识了。

如果你养成了这一习惯，在阅读每一章之前都这么做，那么你将发现这本书中的理念能为你提供更强大的帮助！

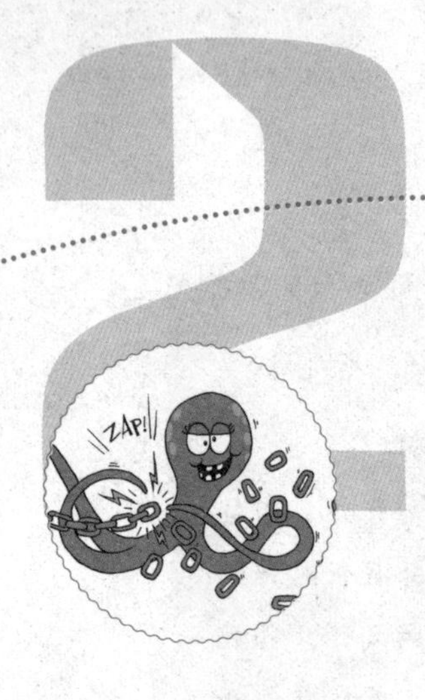

2 举重若轻

为什么太过努力有时候也会造成问题

你的老师，或者你的父母，是否曾经告诉过你要集中注意力？或者是要专心致志？或许你自己也对自己这么说过呢！这是因为人很容易分心。有时候，无论窗外正在发生什么事情，似乎都比你眼前的东西更为有趣。你会情不自禁地去想其他事情，比如朋友，或者是午餐。

分心总是不好的，是不是？

也许不是。让我们来看一看。

请看下页图中的象棋比赛。看左边那个男孩。他正在和右边那个人下棋。这个男孩很没礼貌，不是吗？典型的13岁男孩。一点儿都不专心。（你有没有听大人这么说过？他们通常把这归咎于智能手机。）

令人惊讶的是，卡斯帕罗夫并没有赢得象棋比赛。这是一场平局。世界上最厉害的棋手居然无法打败一位看上去漫不经心到不可救药的13岁棋手。

13 岁的马格纳斯·卡尔森（左）和传奇象棋天才加里·卡斯帕罗夫在 2004 年的“雷克雅未克快棋锦标赛”中进行快棋对决。卡斯帕罗夫惊奇地发现马格纳斯走开了，去看其他选手比赛。加里·卡斯帕罗夫是世界上最伟大的棋手之一，而马格纳斯没有专心比赛，所以他肯定不会赢，对吗？

让人意想不到的是，有时候我们需要分散注意力才能更明智地思考。在学习或者是解决问题的过程中，偶尔（并非总是）走神或许大有裨益。

在这张照片被拍下后不久，马格纳斯回到桌边，再次将注意力集中在比赛上。他刚才稍稍休息了一下，这样他回来时就能够集中注意力了。

本章要传递的信息是，有时候你需要分散一下注意力，才能够成为更好的学习者。可这又是为什么？

你有两种思考方式!

在第1章，我提到“神经科学”一词，意思是大脑的科学。神经科学家使用新的大脑扫描技术窥探大脑内部，以便更好地了解大脑。

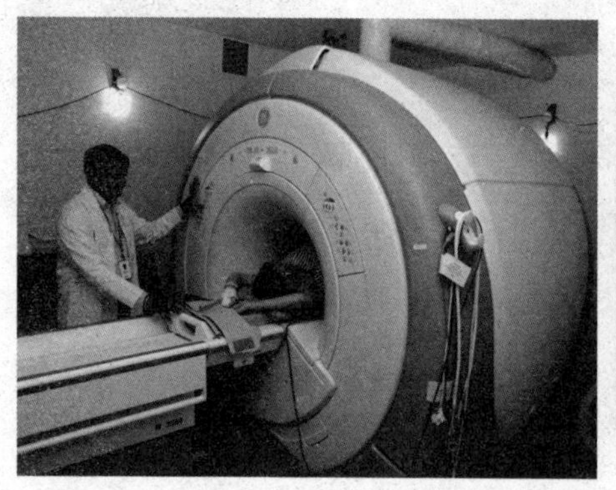

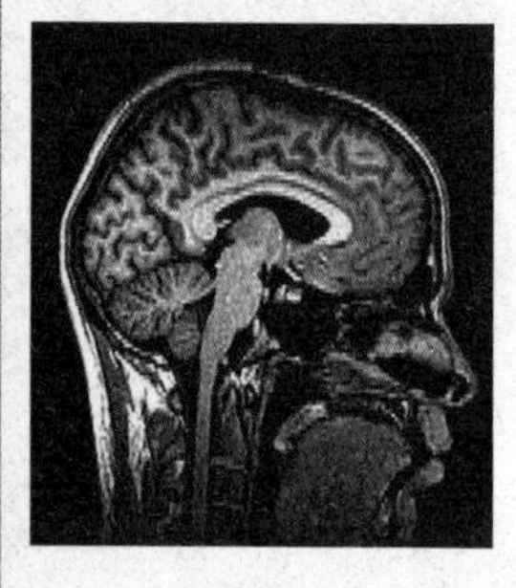

在左图中，脑部扫描工作者正在仔细检查扫描仪。人们躺在一张可以滑进扫描仪的专门的床上，然后扫描仪就能够拍摄他们大脑内部的图片，就像右图所示。非常厉害!

神经科学家发现，你的大脑有两种不同的工作方式。我们将把这两种方式分别称为专注模式和发散模式[㊀]。这两种模式都很重要，都能帮助你学习。

㊀ 在英语中，发散一词是 diffuse。注意 focused（专注）一词的词尾是 -ed，而 diffuse 则不是。发散一词的意思是“薄薄地弥漫出去”。

专注模式

当你在使用专注模式时，这意味着你正在集中注意力。例如，你可能正在试着解决一道数学题，或者正看着老师并听老师说话。当你在玩视频游戏、解谜或者是背外语单词时，你会很专注。

当你集中注意力时，你会让大脑的特定区域工作。究竟是哪些区域需要工作则取决于你正在做什么。例如，当你在做乘法运算时，集中注意力时所使用的大脑区域跟你说话时是不一样的。[1] **当你尝试学习新事物时，你首先必须专注于它，以便“打开”大脑的这些区域，启动学习过程。**

当你处在专注模式时，你会十分专心。

发散模式

如果专注模式是那样的，那么什么是发散模式？

发散模式是当你的大脑处在放松和自由状态中时，你没有在思考任何特定的事情。当你做白日梦或者纯粹是为了好玩而乱涂乱画时，你就处在发散模式中。如果你的老师告诉你要集中注意力，那你就可能已经陷入发散模式中了。

在发散模式中，你没有在特意思考任何事情。

当你处于发散模式中时，你会温和地使用大脑的一些区域，这些区域跟你在专心致志时使用的区域大不相同。发散模式帮助你在各种想法之间建立充满想象力的联系。创意似乎经常都是在发散模式中冒出来的。

事实证明，你的大脑必须在专注模式和发散模式之间来回切换，这样才能有效地学习。

我们来玩弹球游戏吧

为了更好地理解专注模式和发散模式，让我们去看看弹球游戏。这个游戏玩起来很简单，你只需要拉动一根撞针杆，当你松手的时候，它就会把球撞到弹球台上。当球在橡皮缓冲器之间弹来弹去时，你就可以得分了，与此同时，游戏机会发出闪烁的灯光和古怪的声音。你得用弹球台下方的挡板让球不掉下来，并尽可能长时间地弹来弹去。

弹球台就有点像你的大脑。在不同的台子上，缓冲器之间的距离或近或远，也不一样。当缓冲器相互很靠近时，就像你的大脑正处于专注模式，弹球会在一个很小的区域内迅速地弹来弹去，最后耗尽能量并坠落。

这是一台弹球游戏机。你可以找到基于弹球机概念的视频游戏。即使在今天，它玩起来依然很有趣！

想象一下你的思维弹球会在运动中留下一道轨迹。这就像你的专注模式——当你集中注意力的时候，你会在大脑中留下轨迹。当你第一次学习某样东西并开始练习使用它时，就会产生这些轨迹。比如说，你已经学会乘法了。如果我要求你做一道乘法计算题，那么你的思维就会沿着你的大脑中已经铺设好的相同的“乘法轨迹”运行。要想理解我的意思，请看看这些图片。

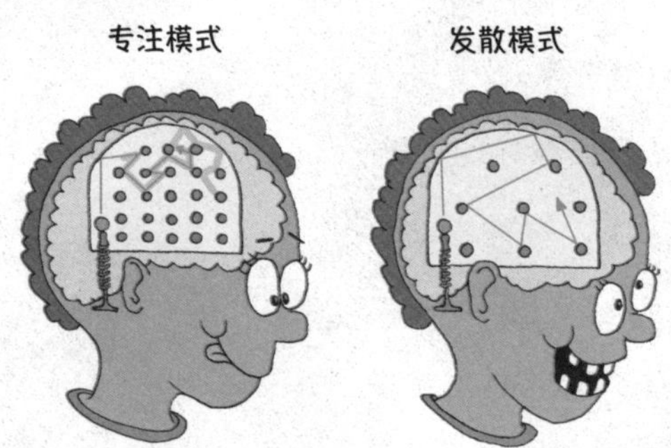

左图是处于专注模式中的大脑弹球版本。看到各个缓冲器之间挨得有多近了吗？弹球按照一种非常紧凑的模式运动，你的思维根本不可能走得很远！弹球在沿着一条已经铺垫好的模糊轨迹前进，因为你之前曾经有过这样的思维。右图是处于发散模式中的大脑弹球版本。请注意看，此时在你的大脑中，你的思考范围会有多么广阔！

发散模式则不一样。在这种模式下，弹球台上缓冲器之间的距离要远得多。思维弹球在弹球台上的运动空间要广阔得多，撞到的缓冲器也较少。

我们的大脑运作起来同时具备这两种弹球机的特点。如果我们想从细节思考转向通观全局的自由思考，我们就必须从专注模式转向发散模式。你需要两个弹球台。（但重要的是，你的大脑一次只能处于一种模式之中。僵尸不能同时玩两部机器！）

这里有一个有趣的方法来了解两种模式之间的差异：

专注模式——眼睛盯着奖杯！

发散模式——眼睛盯着苍蝇！[2]

在专注模式和发散模式之间切换

既然模式之间的切换如此重要，那我们该怎么做呢？

好吧，如果我们想把注意力集中到某件事情上，这很容易。一旦我们把注意力转向它，专注模式就启动了，这时你的思维弹球就开始在弹球台上弹来弹去了。然而遗憾的是，要将注意力长时间保持在某件事情上却很困难。这就是为什么有时候我们会陷入发散模式中，开始做白日梦。正如你在下图中看到的，如果你松开挡板，你的思维弹球就会掉下去，落到专注弹球台下面的发散弹球台上。

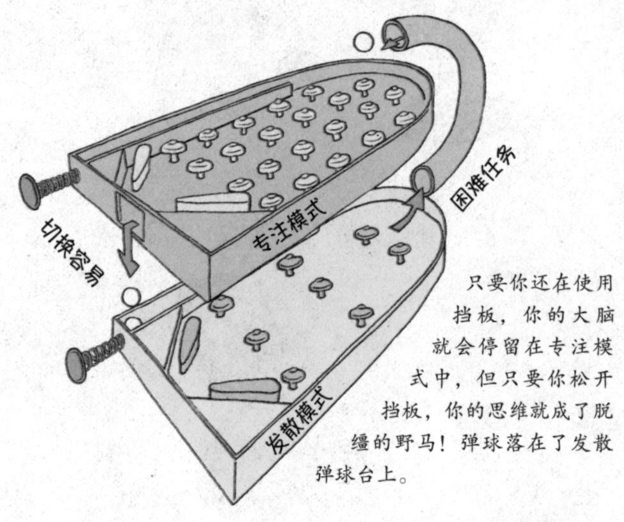

在发散模式中，我们没有专注于任何特定的事物。你只要放松下来，不把注意力集中到任何事情上面，就可以进入发散模式。散步，或者是在公交车上看着窗外，或者是冲个澡，都能帮助我们进入发散模式。睡觉也一样。(许多名人都是在日有所思夜有所梦的过程中实现伟大顿悟的。[3])

而且，专注于其他事物似乎也能让我们暂时进入发散模式，这是与我们所不关注的事物相对而言。当我们专注于拥抱我们的狗时，我们没有在关注数学题。当我们把注意力放在别人的棋局上时，我们没有在专注于自己的象棋比赛。这就是为什么当你在数学题上遇到困难时，你可以暂时先把注意力转移到地理学习上。然后，当你重新回到数学上时，你就可能取得突破。但是，要想让你的发散模式有机会解决一道难题，最好的办法似乎是通过睡觉、运动或者是乘车，诸如此类的活动。

患有注意缺陷多动障碍（ADHD）[㊀]的儿童有时候喜欢想象他们的专注弹球台上有几个额外的“洞”。这些洞提供了一种隐藏的优势——它们能够提高创造力！如果你患有注意缺陷多动障碍，那么“额外的洞”也意味着你需要比其他孩子稍微更勤快地练习使用思维挡板，以便让你的思维弹球待在专注弹球台上不掉下去。

那么怎样才能更经常地练习使用思维挡板呢？你可以通过提问尽可能多地参与，在黑板上写字，在你的伙伴中分配活动项目，只要有一起做练习的机会就跟他们一同探讨。

㊀ ADHD 全称 Attention-Deficit/Hyperactivity Disorder，意为注意缺陷多动障碍。简单地说，这意味着在注意力和控制冲动方面有困难。所有儿童在某种程度上都会有这种情况，但对于患有 ADHD 的儿童而言，其症状比一般儿童更为明显。

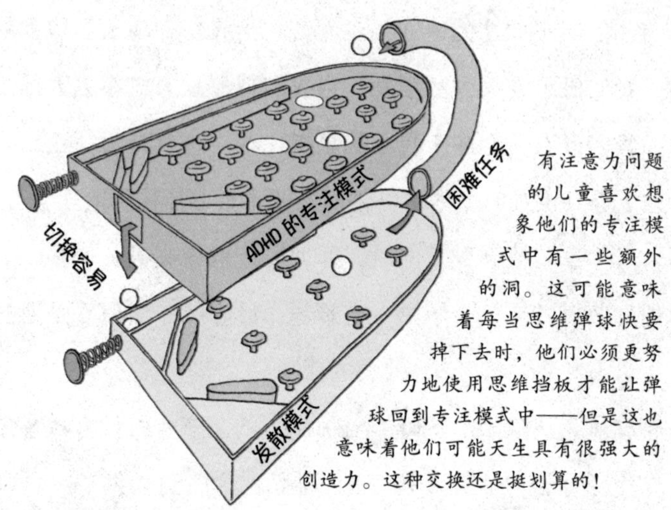

有注意力问题的儿童喜欢想象他们的专注模式中有一些额外的洞。这可能意味着每当思维弹球快要掉下去时，他们必须更努力地使用思维挡板才能让弹球回到专注模式中——但是这也意味着他们可能天生具有很强大的创造力。这种交换还是挺划算的！

现在你来试试！ 切换模式

这里有一个练习可以帮助你感受一下从专注模式到发散模式的切换。

用下页图中所有的硬币制造出一个新的三角形，但你只能移动三枚硬币。（你可以在你面前排列真正的硬币，试试看你能否解决这个问题。）

提示：当你放松大脑，不去专注于任何特定的事物时，最容易想到解决方案。

有些孩子一下子就做出来了，而有些教授则因为过于专注而认输了。

这道题目的答案在本书后面的尾注部分可以找到。[4]

陷入困境

当你想解决数学或科学问题时，可能会以两种方式陷入困境。当你想学习某样新东西时，比如学习在吉他上弹奏和弦或者是学习踢足球的某个特定动作，情况也是一样。第一种导致你陷入困境的原因是，你从一开始就没能弄懂说明文字。遗憾的是，如果是以这种方式陷入“困境”，进入发散模式不会有太大用处。因为你还没有将任何东西“加载”到你的专注模式中。这时候你最好回头去看一下你的笔记或书中的例子和解释，或者是请老师再解释一遍，或者是到 YouTube 上去寻找额外的解释。（但不要让自己被其他视频分散注意力。）

第二种陷入困境的方式是，你已经认真学习或是在专注处理问题了——你已经将解释加载到你的专注模式中了。可是当你开始解题、弹奏和弦，或者是练习某个动作时，你仍然发现自己陷入困境了。于是你变得越来越沮丧。你为什么就是学不会呢？

在学习中，你可能很容易变得沮丧。

你陷入困境的原因是，你没有给大脑的发散模式提供任何帮助的机会！发散模式无法启动，除非你把注意力从关注的焦点上移开。就像前几页图片中的棋手马格纳斯·卡尔森一样，有时候你需要休息一下，才能诱使大脑的发散模式前来救急。让你的思维暂时脱离目前的状况，这可以打开通向大脑发散模式的途径。

或者，你可以将注意力放在别的事物上。例如，如果你正在学习代数，你可以转而学习地理。但是要记住，你的大脑有时也需要休息一下。

如果你很容易在某个科目上陷入困境，那么在温习功课时就从这个科目开始，这样，在下午和晚上的学习中，当你发现自己陷入困境时，就可以不断切换到别的功课上，然后再回来。千万不要把你觉得最困难的功课留到最后去做，因为那个时候你已经很累了，而且也没有时间进行发散式学习了。

当你处于发散模式中时，你的大脑正在后台安静地处理这个问题，虽然你往往意识不到这一点。你头脑中的思维弹球正在你的发散弹球台上飞速运动，它可能撞到你需要用来解决问题的灵感。

当你休息时，应该休息多久？这取决于你自己，以及你当天需要处理多少功课。5 ～ 10 分钟是很不错的休息时长。尽量不要把休息时间拉得太长，因为你得完成工作，这样晚上才能有一些放松的时间！

重要学习窍门：

关于新的学习策略是否有效不要急于下结论

在你学习的时候，不要只在专注模式和发散模式之间切换一次就得出结论，认为它对你不起作用。有时候，你必须在专注模式和发散模式之间切换好几次，才能找到答案。在休息之前，你需要做出足够的努力去试着理解学习内容。

你应该专注多久？作为一种粗略的指导原则，如果你已经努力了 10 ～ 15 分钟（如果你比较年幼，则可能是 3 ～ 5 分钟），然后发现自己陷入困境了，那你就可能需要休息了。当你休息的时候，你得确保休息足够长的时间让你的头脑完全忘掉功课。[⊖]坚持到底，不断尝试这一过程，这么做是很值得的。

⊖ 具体需要多长时间取决于很多因素。比如说，突然间，你必须站起来，在一群人面前做 10 分钟演讲。（太意外了！）由于你很激动，以及突然完全将注意力集中在演讲上，这可能让你的头脑完全摆脱先前正在做的任何事情。当你回来的时候，哪怕你只是离开了 10 ～ 15 分钟，你都可能发现自己正在用一种新的眼光看待先前让你陷入困境的任何东西。但是在其他时候，哪怕过了几个小时，你也无法忘掉它。在这种情况下，美美地睡一觉或许可以创造奇迹。

在专注模式和发散模式之间来回穿梭，能够帮助你掌握几乎任何东西，无论是几何、代数、心理学、篮球、吉他、化学，还是你想掌握的任何其他科目或兴趣爱好。

在用专注模式工作之后 用这些发散模式手段作为奖励

发散模式的一般激活法

- 进行踢足球或打篮球之类的运动
- 慢跑、散步或游泳
- 跳舞
- 享受乘坐轿车或公交车的乐趣
- 骑自行车
- 绘画
- 泡澡或淋浴
- 听音乐，特别是没有歌词的音乐
- 用乐器演奏你很熟悉的歌曲

- 冥想或祷告
- 睡眠（终极发散模式！）

以下发散模式激活法最适合作为奖励来短暂地使用，但是这些活动可能使你进入比做先前活动时更为专注的模式，所以有时候你不妨设置一个定时器，不然它们可能会消耗太多的时间。

- 玩视频游戏
- 与朋友聊天
- 帮助某人完成一项简单的任务
- 读一本书
- 给朋友发信息
- 去看电影（如果你有时间的话！）
- 看电视

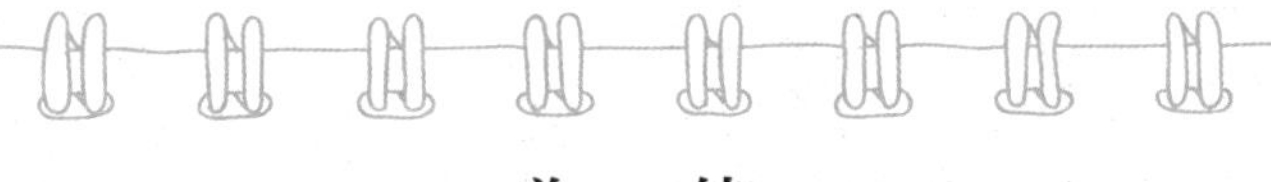

总　结

专注模式和发散模式。我们的大脑有两种运作模式：专注模式和发散模式。你可以把它们想象成弹球台，前者的缓冲器排列紧密，后者的缓冲器则散落在四面八方。要想学得好，我们得在这两种模式之间不断交替。

模式切换。通过集中注意力，你可以切换到专注模式，这就好比握紧弹球游戏机上的挡板！但是你必须放手，等待球自己落下去，才能进入发散模式。躺在床上，泡在浴缸里，坐公交车，或者干脆去散散步，这些都是进入发散模式的好途径。

要成为一名成功的问题解决者，首先要能够专注。我们得先把注意力集中在基本知识点上，以便让大脑做好准备，不然我们就会在解决问题时陷入困境。不要在还没有好好研究说明文字的情况下贸然开始解决问题。你得先在专注弹球台上铺设一些基本的轨道。

休息一下以获得解决问题的新视角。即使已经做了恰当的准备，我们也可能被一道难题卡住。在这种情况

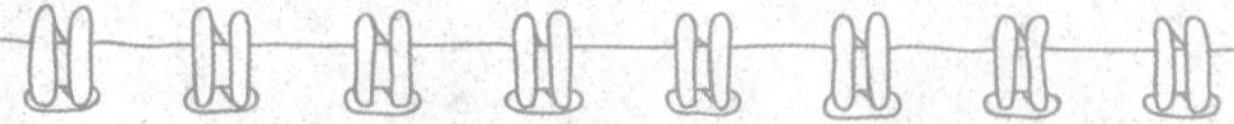

下，就要向下棋时的马格纳斯学习。离开一会儿，看看别处的情况怎么样。休息一下，但最终还是要回到比赛中，不然你肯定会输！

你可以主动选择进入专注模式，但是要进入发散模式就困难多了。躺在床上，泡在浴缸里，坐公交车，或者干脆去散散步，这些都是召唤这种更为放松的思维状态的好办法。

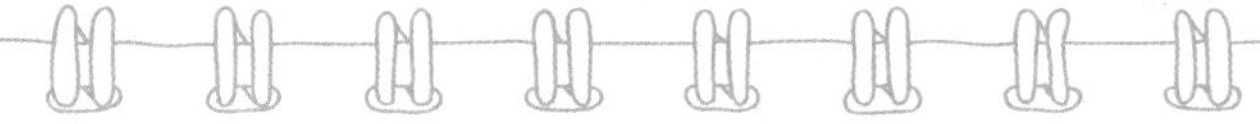

测试你的理解程度

回答以下问题，检验一下你对本章关键内容掌握得有多好。做完之后，你可以把你的答案和书后的答案进行比较。

你可能认为你可以跳过这些问题不做，但如果你不做，你就会开始失去这本书带来的好处。

1. 专注模式是什么意思？

2. 什么是发散模式？你最喜欢的发散型活动是什么？

3. 一台（或两台）弹球机是如何帮助你理解大脑是如何工作的？

4. 专注模式和发散模式的另一个隐喻是什么？

5. 当你在解决一道数学和科学问题时，可能会以哪两种不同的方式陷入困境？

6. 阅读完本章之后，有哪一个学习习惯是你想要改变的呢？

你有没有对下一章进行过图文漫步？你有没有试着回答章节末尾的一些问题？你把笔记本拿出来了吗？（如果你完成了这些工作就在后面的方框里打个钩！）□

3 我等一下会做的，真的！

用一个番茄战胜拖拉的毛病

早在19世纪，谋杀犯非常喜欢使用一种叫作砒霜的化学物质。（这个词在英语中的发音跟“欧洲萝卜”很像。）砒霜可以在一天内毒杀受害者，而且是以一种让人很痛苦的方式。

1875年，有两个人在一群观众面前吃砒霜。人们认为他们必死无疑。但是让所有人惊讶不已的是，第二天他们又出现在大家面前，而且活蹦乱跳的。这怎么可能呢？吃了毒性这么大的东西后怎么会毫发无损呢？

这是个谜。

稍后我们会告诉你吃砒霜的人的下场如何，但是……先给个剧透警告：他们的下场并不好。

砒霜对人体有害，但番茄却很有益，对不对？番茄富含健康的营养成分。我要向你证明，就连一种塑料番茄也可能对你有好处，因为它可以帮助你更好地学习。这听起来很疯狂吗？你很快就会明白这一切的。但是千万别吃塑料番茄，这可不是我想教你的窍门……

拖拉的问题

我想跟你说一说拖延。[⊖]**拖延是指把事情拖到很晚才做。**这对很多学生（以及成人！）来说都是个问题，它妨碍了良好的学习进程。拖延可能是一件很顺理成章的事，因为你怎么会愿意去做一件你不喜欢做的事情呢？特别是当你知道这件事情会很困难时更是如此。既然测验要到星期五才会进行，那么为什么星期一就要学习呢？就算学了，到星期五还不是一样会忘光吗？

问题就在这里。如果你拖延，你就往往会来不及做。稍后你就会知道，时间加上练习可以帮助你将新知识巩固到大脑中。如果你没有时间，你不仅无法搭建学习构架，还得耗费精力去担心它。这是一种损失惨重的局面。拖延是高质量学习的敌人，但许多学生还是会这么做。我想教会你打败它的方法。

这里有个好消息。你大脑中的僵尸朋友能够帮助你学习。别害怕。我不是说你的脑袋里有真正的僵尸，那样的话就太恶心了，但是你不妨想象那里有一支僵尸小分队正在为你而勤奋工作，你最好去和它们交朋友。

⊖ 在英语中，“拖延”一词是 procrastination，最后一部分跟单词 nation（国家）押韵。

这么说，我们需要一台弹球游戏机、一脑袋的僵尸朋友，外加一个塑料番茄？天晓得！你别想入非非……我可是个教授哦！

分心和拖延

拖延是一个重大问题。有太多的事情会让我们分心。我总是想："在开始做作业之前，我先玩一会儿视频游戏。"可等到我明白过来时，我已经浪费了一个小时。我需要找到一个方法来专注于我的家庭作业。我不应该等到最后一刻才去做每件事情。

——一位数学学生

拖延和痛苦

当你的爸爸妈妈叫你打扫房间，或是练习乐器，或是开始做作业时，你是否会发牢骚？这是因为当你想到打开书本，或者是搞卫生时，你的确会感到痛苦——研究者可以看到大脑中负责体验痛苦的区域，也就是岛叶皮质，开始变亮。对你的大脑来说，想到打扫房间，感觉就像开始胃痛一样。但有趣的是，一旦你开始执行你不想接受的任务，痛苦就会在大约 20 分钟后消失。当你开始执行你先前想回避的任务后，岛叶皮质就会平静下来。它很高兴你终于开始做这项工作了。

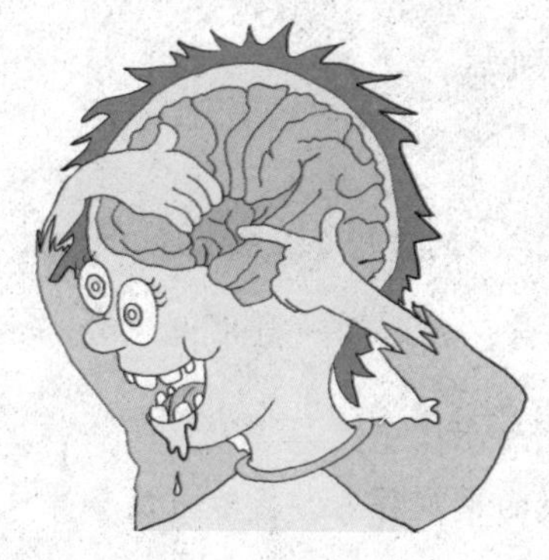

哪怕只是去想一想你不喜欢的东西，这都会激活大脑中一个被称为岛叶皮质的痛苦中枢。这可能导致拖延。图中这位助人为乐的僵尸正在向你展示岛叶皮质的位置。

所以，要想成为一名好的学习者，我的首要诀窍是：立刻开始做。不要把工作拖到后面再做。

你一定在想，教授，您真是说得轻巧！我怎么才能改变我的习惯呢？我早就习以为常了。

答案就是……一个番茄！

波莫多罗技巧[1]

你在想，芭布是不是疯了？一个番茄怎么可能让我成为一名

[1] 波莫多罗技巧，也称作番茄工作法。

更棒的学习者？

在 20 世纪 80 年代，弗朗西斯科·齐里罗（Francesco Cirillo）想出了一个办法来帮助那些喜欢拖拉的人。它被称为波莫多罗技巧。

波莫多罗是意大利语，意思是“番茄”。齐里罗发明了一种番茄形状的定时器，就像图中这样。齐里罗的方法很简单，也很有效。（我和特里都知道这一点。在我们的“学习如何学习”课程中，它是最受欢迎的技巧之一。）

波莫多罗定时器

首先，你需要一个定时器。番茄形状的定时器很棒，但其他定时器也可以用。我的计算机上有一个数字定时器。许多人则使用智能手机或 iPad 上的波莫多罗应用程序。

这一技巧是这样使用的：

（1）**避开所有分散注意力的事物**——电话、电视、音乐、你的兄弟，总之，任何妨碍你集中注意力的事物。找一个安静的地方工作，在那里你不会受到打扰。如果你买得起的话，不妨考虑买一副能消除噪声的耳机，或者是比较便宜的耳罩或耳塞，它们也同样有效。

（2）将定时器设定为**25分钟**。㊀

（3）开始工作，并且尽可能**专注**于这项工作。25分钟并不长，你能行的！

（4）现在是最棒的环节。25分钟之后，**奖励**一下自己。观看一个舞蹈视频或是听你最喜欢的歌曲。（你还可以随着音乐跳舞！）抱抱你的小狗，或者和朋友聊上5～10分钟。**奖励**是整个波莫多罗过程中最重要的部分。当你在期待奖励的时候，你的大脑会帮助你更好地集中注意力。

当你完成波莫多罗之后，奖励自己一下！

我们将把包括奖励环节在内的整个过程称为“做一个波莫多罗”。

㊀ 如果你的年龄在10～12岁，一开始你可以先将波莫多罗设定在10～15分钟。

当你在“做一个波莫多罗”时，别去想着完成任务，也不要说：“我要在这个波莫多罗中完成所有家庭作业。”你可能会完成你手头的任何工作，但如果完成不了，也不要担心。你只需要努力工作 25 分钟就行。当定时器鸣叫时，休息一下，通过奖励环节进入你的发散模式中。

稍后你可能需要再做一个波莫多罗，但这没关系。只要你正在为完成任务而努力，那你就是在做正确的事情。不要担心你完成了多少，你总会完成的。但是，要给自己留下充足的时间，不要等到最后一刻再做。

当我在做一个波莫多罗时，我的思绪有时候会游离出去。这完全正常。一旦我发现我的思绪游离出去了，我就把它拉回到当前的任务中。毕竟，只有 25 分钟。任何人都可以完成 25 分钟的学习。如果我发现我的思绪飘到其他我想完成的任务上，或者是我想查阅的网站上，我就把它记在一张纸上，这样我就不会忘记了，然后我继续做波莫多罗。

我承认，如果时间到了以后我还想继续工作，那么我会继续工作的。能够进入思维流中，真正沉浸在任务中，这是一件好事，但是当我停下来时，我总是会奖励自己的。是进入发散模式的时候了！如果我一直在写作（比如说写这本书），那么我就会放一首我最喜欢的歌曲听；或者是站起来去泡一杯茶，望望窗外。在休息的时候我不写作，这样一来，我大脑中的“写作”区域就得到了休息。

在休息时做一些事情，与你刚才一直专注的事情完全不同，这很有好处。你得让大脑中长时间处于专注状态的区域休息一下。如果你在学习的时候一直坐着，那么在休息时能够活动一下身体往往是最好的。

有些人喜欢使用会发出嘀嗒声的波莫多罗定时器，这能提醒他们时间正在流逝，他们正越来越接近休息时间。嘀嗒声能使他们集中注意力。

你一天中需要做多少个波莫多罗？这得看你自己的情况了。如果你有很强的自我激励能力，只是偶尔需要一点督促来让自己进入工作状态，那么你每天就在自己需要的时候做上一两个波莫多罗。有些人会仔细地记录他们在一天中做了多少个波莫多罗——他们经常使用波莫多罗应用程序来收集每天的波莫多罗数据，有点像在收集徽章。你可以查找波莫多罗应用程序，找一个你喜欢的——我们知道的最受欢迎的一个程序叫作“森林”（Forest）。

顺便说一下，在你做波莫多罗的时候，不要切换任务。选择一项任务，一直做到铃响为止。（当然，如果你在做波莫多罗的中途完成了一项任务，那么你可以开始做另一项任务。）一些学生认为他们可以同时处理多个任务，或者是同时在几个任务之间来回切换。这叫作多重任务处理。但是多重任务的想法是错误的。你的注意力每次只能集中在一件事情上。当你转移注意力的时候，就是在浪费精神能量，这会让你表现得更糟。这就像一台弹球游戏机上有两个球而不是一个球被释放出去，你必须手忙脚乱地想办法控制这两个球。你肯定会遭遇失败，最终两个球都会掉下去。

学习窍门：为休息时间设定一个定时器——学会推迟你的拖延！

波莫多罗定时器可以用于你的学习，同样也可以用于放松。将你的定时器设在 5 分钟、10 分钟，或者任何合理的休息时间上。记住，休息是很重要的，这样才能让你的发散模式有机会帮助你学习！

对于有些人来说，要经过练习才能习惯于在休息结束后重新开始工作。这时候，如果休息定时器的声音非常独特而响亮，效果会更好。

有时候，人们觉得很难停止拖延。对于这种情况，有一个很好的心理诀窍，那就是告诉自己，你将在 10 分钟后进行拖延。与此同时，在这 10 分钟内，查看（或列出）你计划做的事情。这么做会让你的发散模式开始在后台思考你的任务以及你将如何完成任务。

好僵尸和坏僵尸

现在我要回到僵尸这个话题上。有时候它们的名声很坏。人们认为它们是怪物——一群相貌可怕、被某人或某种事物控制的生物。

但是僵尸（至少在我们这本书里！）只是你的种种习惯而已。僵尸习惯中有好的，有不好不坏的，也有坏的。(好吧，也许坏僵尸其实也没那么坏，只是有时候对我们没什么好处罢了。) 那么所有僵尸的共同特点是什么？那就是它们会自动朝着目标（这通常意味着吃掉大脑）前进。没有什么能分散它们的注意力。它们从不放弃。它们就好像处在自动驾驶模式中一样。

你的习惯就像僵尸——其中有坏的也有好的。

我们都拥有某种僵尸模式——幸运的是，这通常并不会让我们像真正的僵尸那样吃奇怪的物质。我们会自动去做一些事情，这是因为我们以前已经做过太多次了。那么你的僵尸模式习惯是什么？是放学回家后把鞋子脱下来扔到一边？是坐到电视机前心爱的椅子上？还是手机一响就伸手去拿？做这一切不假思索，无须讨论，这就是僵尸模式中的你。

想象一下，在你应该学习的时候，把注意力集中在学习上，就像一个有益的僵尸那样。练习波莫多罗技巧能够帮助你实现这一点，但是在这个过程中你必须打败你的坏僵尸习惯。

一边学习一边发短信是一种坏习惯，这就是你的“边发短信边学习”坏僵尸。为了打败它，你可以训练出一个有益的僵尸——习惯于关掉手机，让手机静音，或者是把它放在另一个房间。新的好僵尸可以帮助你打败坏僵尸！

如果你的兄弟经常打扰你，那就训练出一个有益的内在的僵尸，告诉你的兄弟你正在“做一个波莫多罗”，让你的兄弟别过来，直到你完成为止。如果你知道自己会感到饿，那就在做波莫多罗之前吃点零食。不要盲目仓促地开始学习课本的新章节。先做一次图文漫步，然后做笔记，你的好僵尸模式已经周到地为你将做笔记的纸张放在你手边了。用你所知道的能够帮助你改善境况的好僵尸习惯来取代那些坏僵尸习惯。

再来说说那些吃砒霜的人

还记得那两位吃砒霜的人吗？为什么他们吃下砒霜后没有当

场死亡？吃一种致命的毒药与做事情拖拉——也就是拖延症——这种看似无害的现象有什么关系呢？

吃砒霜的人每天吃一点点毒药，以便训练自己的身体去适应毒药。他们这是在培养一种免疫能力，并且认为自己能够借此逃脱毒药的危害，因为他们并没有病倒。

但是他们没有意识到，他们正在慢慢地毒害自己。

吃一点点砒霜不会立刻杀死你，但是这么做很不健康。随着时间的推移，它会造成严重伤害，即引发癌症，并且还会对你的内脏器官造成其他的严重伤害。所以千万不要吃砒霜！

那么这跟拖延有什么相似之处呢？

如果你把学习稍微推迟一会儿，或者是在社交媒体上再花上“几分钟”时间，这似乎不会有什么伤害。但是，如果你习惯于拖延，就会使学习变得越发困难，因为当你真的定下心来学习时，你的时间已经变少了。你会感到压力，你会错过最后期限，你无法好好地学习知识，你在学业上可能严重掉队。所有这些都会让你成为一个效率较低的学生。

记住，如果你把短时间的注意力专注变成一种习惯，就可以建立起一支有益的僵尸队伍，它们会为你而努力工作。所以，学着爱上那个塑料番茄吧！或者是你手机上的波莫多罗应用程序。

现在你来试试！预先计划，避免分心

写下会让你从手头的工作中分心的事情。每写一件，就想一个需要培养的新习惯。（如果你是在电子设备上阅读这本书的，就在纸上做你自己的表格。）下面有一个例子可以帮助你开始。如果你年龄比较小，你可以找个大人一起坐下来做 10 分钟左右，以便帮助你开始。

分心事物：坏僵尸	解决办法：友好僵尸
我的手机响了——我停止工作	在做波莫多罗时把手机放在厨房餐桌上

现在你来试试！ 用主动回忆法提升阅读能力

现在，我们想让你提前一窥一个重要的学习技巧，它在后面的章节中将为你提供帮助。这个技巧被称为主动回忆法。主动回忆的意思是将一个概念重新带回意识中。主动地去回忆你正在学习的重要概念已经被证明是一种理解它们的好方法。[1]

你或许能猜到，我们一直在教你如何避免拖延，就是为了让你能够有更多的时间使用诸如主动回忆一类的重要技巧。

具体做法如下。首先，在你开始阅读一本书的某个章节之前，先做一次图文漫步。（我们在第 1 章末尾讨论过这个话题。）

然后开始阅读。不要心急。如果有一段文字让你看不懂，或者说你的注意力分散了，就重读一遍。（注意力分散十分正常，这并不意味着你不够聪明。）在书页四周空白处或是另一张纸上写下你认为重要的概念。如果有必要，可以在一两个词下面画线，但不要画太多。

接下来是关键部分。把视线转向别处，看看你能回忆起什么。这一页有什么重要概念？在脑海中将它们重新播放一遍，或者是大声对自己说一说。不要简单地一遍又一遍地重读这一页，也不要画出或突出太多的内容。

从你自己的脑海中抽出重要的概念，而不仅仅是在页面上阅读或反复重读，这是主动回忆法背后的关键理念。你不需要对书上的每一页使用主动回忆法，但是如果你对一些重要页面尝试这么做，它的效果一定会让你惊喜交加。

研究表明，如果你在学习中使用主动回忆法，那么在你参加考试的时候，你的表现会好很多。在学习中进行主动回忆意味着即使在压力下你也能表现得很好。[2]它不仅仅是把信息放进你的记忆中——它也能增强你的理解力。[3]

获得强大阅读效果的三个关键步骤

1. 图文漫步
2. 仔细阅读
3. 使用主动回忆法

你也可以将主动回忆作为一种很好的通用型学习工具。例如，合上我们这本书，看看你读到目前为止能回忆起多少关键概念。尽力回忆过之后，再把书打开，跟书中的内容做一番比较。

在不同的时间和地点回忆这些信息。你可以在等朋友、坐公交车或睡觉前进行主动回忆。用这种方式进行回忆有两个重要的理由。首先，你的面前没有笔记或书本，所以你是真的在回忆信息，而不可能偷看。其次，你的周围并不是平时的学习环境。稍后你就会看到，在不同的环境中进行学习能够将信息更有效地巩固在你的头脑中。

在我读中学时，我总是步行去我奶奶家吃午饭。我会一边走一边努力回忆我刚刚在课堂上学到的重要知识，就好像在重看一部有趣的电影。这么做极大地帮助了我取得优异的成绩。

——李兆静（音译，Eileen）

清华大学毕业生

总　结

- 我们都会养成各种习惯，它们就是我们内在的僵尸，那是一些我们不假思索就会去做的事情。
- **我们的僵尸习惯可能有益，也可能无益。**其中一些能很好地帮助我们节省时间，但人们往往会养成做事情拖拉——也就是拖延的习惯，这会极大地妨碍有效的学习。它会使你没有足够的时间集中注意力或者是沉浸在你所学的功课中。
- 幸运的是，你可以改变习惯，并且保持下去。**波莫多罗技巧是一种很好的方法，能帮助你专注地工作。**你得把它变成一种习惯。避开让你分心的事物，将定时器设为 25 分钟，这非常容易。然后休息一下，奖励自己，做一些“发散”型的事情。
- **当你推迟做一件事情时，你的大脑会感到痛苦。**只要开始做了，痛苦就会停止。
- **主动回忆是一种强大的学习方法。**从你自己的头脑中抽调出重要的概念并加以回顾。不要只是看着书本或是笔记愚弄自己，认为上面的信息都在你的头脑中。

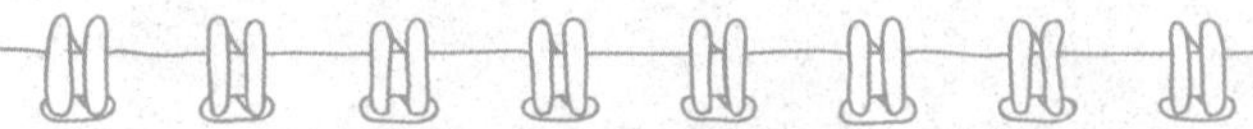

测试你的理解程度

为了确保你掌握了这一章的要点，请回答下面的问题。你可以大声对自己说出答案，或者把答案写下来，或者通过解释你所学到的东西来把答案告诉别人。

当你完成之后，你可以把你的答案和书后的答案进行比较。

1. 什么是拖延？
2. 为什么拖延对你的学习有害？
3. 当你想到一件你不喜欢或是你不想做的事情时，你的大脑中会发生什么事？
4. 如果有人从没听说过波莫多罗技巧，你会如何向他解释这个概念？
5. 在整个波莫多罗过程中，最重要的部分是什么？
6. 在两个波莫多罗之间的休息时间里，你应该做什么？
7. 你应该计划在一个波莫多罗中完成一项任务吗？为什么？
8. 进入僵尸模式可能会有什么好处？
9. 僵尸模式与拖延有什么关系？
10. 吃砒霜的人的故事说明了什么道理？它与拖延有什么关系？
11. 解释一下主动回忆这个概念。

你已经对下一章进行过图文漫步了吗？回答过章节末尾的一些问题了吗？已经准备好笔记本了吗？❑

4 大脑链接以及与外星人同乐

圣地亚哥 11 岁，他遇到了麻烦，大麻烦。这一回，他身陷囹圄。

这全是他自找的。圣地亚哥总是没完没了地跟他的父亲争执，跟他的老师们吵架，并且一次又一次地被学校开除。但是这一次，他竟然用自制的大炮在邻居家的大门上轰了一个大洞！

他讨厌上学。他的记忆力很差，这使他很难按照老师们希望的方式去学习。[㊀]他特别讨厌数学，觉得数学毫无意义。他喜欢画画，但他的父亲认为画画是没用的。

圣地亚哥迅速陷入了一事无成的状态中。但是你猜怎么着？圣地亚哥日后获得了诺贝尔奖——这就像是科学界的奥运会金

㊀ 在这里，十分有必要进行澄清一点。圣地亚哥并不仅仅是自认为记忆力很差——事实上他的记忆力的确很差，他在自传中对此进行了详细描述。这就意味着，即使你的记忆力在一般水平以下，有时候感到学习很困难，你也依然有很大希望！我们稍后会再讨论这个问题。

牌！他成了现代神经科学之父。“坏小子”圣地亚哥·拉蒙-卡哈尔（Santiago Ramón y Cajal）成了人类历史上最伟大的科学家之一。[1] 在此期间，他运用了艺术技能以及数学技能。

我们会告诉你这一切是如何发生的。但首先，让我们先了解一点点关于大脑的知识，这将帮助你理解圣地亚哥的一项突破性发现，同时也能帮助你理解我们是如何学习的！

友好外星人：神经元是如何“交谈”的

让我们从关于大脑的一些简单知识开始。

你的大脑里有很多神经元。数十亿个，大致相当于银河系中恒星的数量。神经元是大脑的基础构件。它们很小，真的很小。10 个神经元加在一起宽度也只相当于人类一根头发的直径！但是它们可能很长——比你的手臂还要长。

为了理解神经元，你可以想象一下来自外太空的微小外星人。

是的，外星人。你能看见下页图中神经元外星人的眼睛吗？（严格说来，这只眼睛应该叫作细胞核——我们身体中的每一个细胞里都有一个细胞核。）神经元外星人只有一只手臂，向上伸出去，很像一顶帽子。神经元外星人还有三条腿，长在下面。

神经元外星人是一种奇怪的生物。它们只有一只眼睛、一只手臂，但却有三条腿。（在现实生活中，神经元可能有不止三条

“腿”，数量可能非常多！神经元形形色色，大小不一，其种类超过了你身体中所有其他类型细胞的总和。）

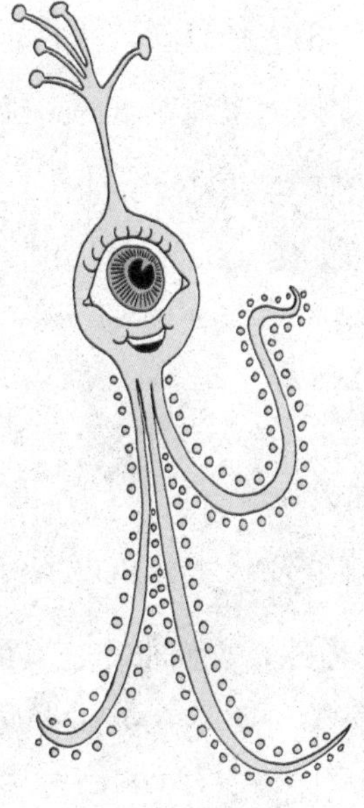

神经元外星人——
我们用它来比喻真正的神经元。

下页这张图片更接近真正的神经元外观。位于下方的是神经元的“腿”，它们叫作树突。位于上方的是神经元的“手臂”，它叫作轴突。[⊖]

⊖ 轴突手臂末端的“手指”叫作扣结。当一个神经元向另一个神经元发送信号时，第一个神经元的扣结会紧贴住第二个神经元的一个树突棘，这两个神经元之间只隔着一层突触间隙。于是，扣结和树突棘就像是一对新婚夫妇，可以穿过突触间隙向彼此传递“亲吻”。

这是一个神经元，通常它看上去就像是“忘了打理头发”。

你看，在神经元的树突“腿”上有很多疙疙瘩瘩的棘刺，这些叫作树突棘。它们就像是密密麻麻分布在外星人腿上的脚趾。（记住，这是一个外星人。所以它的模样跟我们不一样！）

树突棘虽小，但却十分重要。在这本书中，你还会在一些意想不到的地方再次见到它们。

这里有一个重要知识点：神经元会向其他神经元发送信号。

为了让这个变得非常容易理解，我们不妨先回去看看我们的外星人。当一个神经元外星人想和身边的外星人“交谈”时，它会伸出手臂，给身边外星人的脚趾送去一次最最轻微的电击。（这些特别的外星人通过相互给予微小的电击来表达友谊。这很奇怪，我知道。）

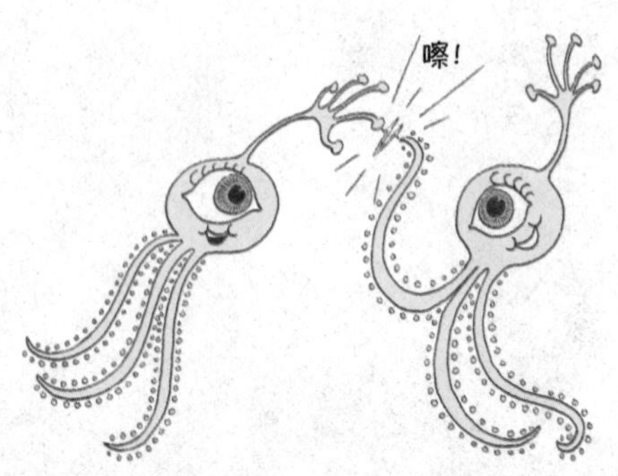

有什么新闻吗，罗恩?

真正的神经元跟这个很像。一个神经元沿着轴突传递出一个信号，在下一个神经元的树突棘中造成一次电击。[2]这就像你在干燥的天气里感觉到的由静电导致的微小电击一样。一个神经元将一个微小的电击跨越一道细微狭窄的间隙传递给另一个神经元。这道间隙叫作“突触”(synapse)。

好了，现在你已经知道神经元是如何传递信号的了！好吧，事实也许比这更复杂一些——这里面还牵涉到化学，但现在你已经掌握了最基础的知识。

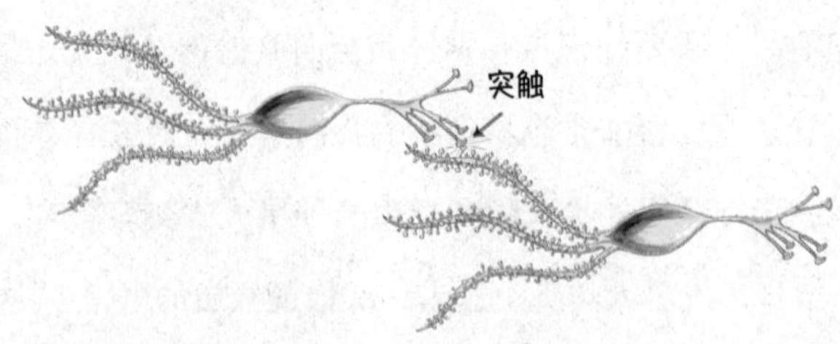

两个神经元跨越一个突触连接在一起。

你也可以看看一个突触的特写画面。来自这个突触的“电火花”产生了一个电子信号，这个信号可以在神经元中流动。如果信号抵达轴突的末端，就会在下一个神经元中产生一个电火花。接着是再下一个。然后是再下一个。[⊖]这些流动的信号就是你的思想。它们就像是思维弹球台上的轨迹。

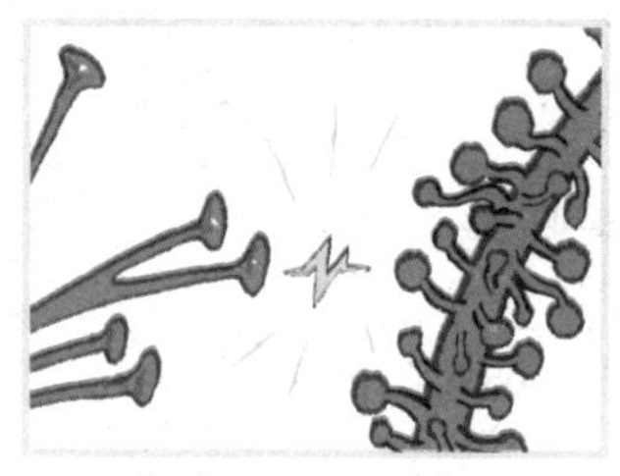
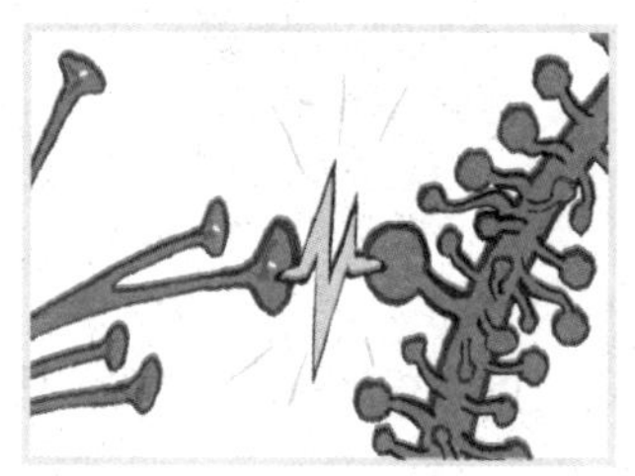

左图是一个小突触的特写。看到那个小小的“电火花”了吗？右图是一个较大的突触，它因为经常练习而长大了。看到它的“电火花”有多大了吗？

下页图中的箭头显示了信号是如何通过突触和神经元流动的。

让我们再回去看看我们的老朋友——神经元外星人。神经元外星人会电击身边的神经元外星人，以便将信息传递给它的朋友，这种电击越频繁，它们之间的联系就越强。神经元外星人就像那些因为经常交谈所以感情更深的朋友。

⊖ 在这里，我们让事情听上去很简单，但这有点像晚宴上的谈话——幕后可能存在很复杂的操纵策略。一个信号确实可以从树突出发，通过细胞体传递到轴突，然后传递到下一个神经元的树突上。但是，在每一步过程中，信号传递的进程都取决于诸多不同的因素，如树突棘在树突上的位置，以及还有多少其他信号正在抵达该神经元。

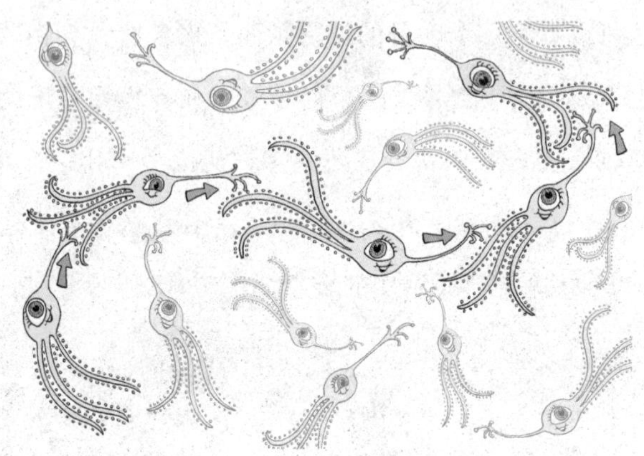

信号通过神经元流动——这些创造了你的思想！

真正的神经元也是这样。研究人员经常说一句话：“一起放电的神经元会连接在一起。”[3]你可以把“连接在一起”想象成一组大脑链接。学习新事物就意味着在大脑中创造新的或更牢固的链接：一组新的大脑链接！[4]

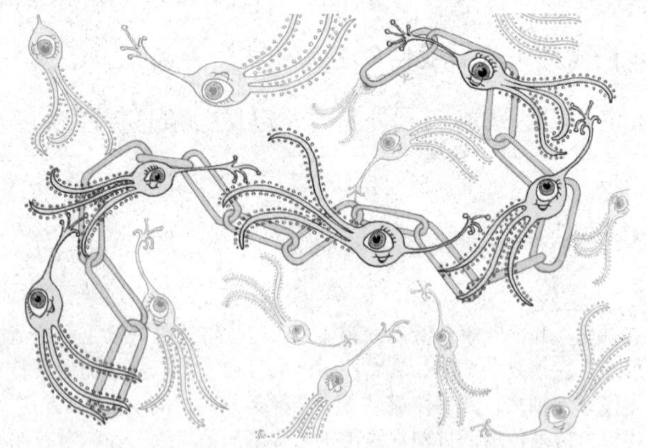

当你刚开始学习某个事物时，会形成一组弱链接。

当你第一次学习某个新事物时，大脑链接很薄弱。可能只有寥寥几个神经元被链接在一起。每个神经元可能只有一个小树突棘和一个小突触。神经元之间的电火花不是很强大。

随着你去实践一个新知识，更多的神经元会参与其中，[5]神经元之间的突触链接也变得越来越强大，这意味着电火花也会变大。更多的神经元，更强大的突触——于是大脑链接也变得更强大！[6]更长的大脑链接可以储存更复杂的思想。当神经元没有在一起放电，就会出现相反的情况——它们之间的链接会变弱，就像两个不再交谈的朋友一样。

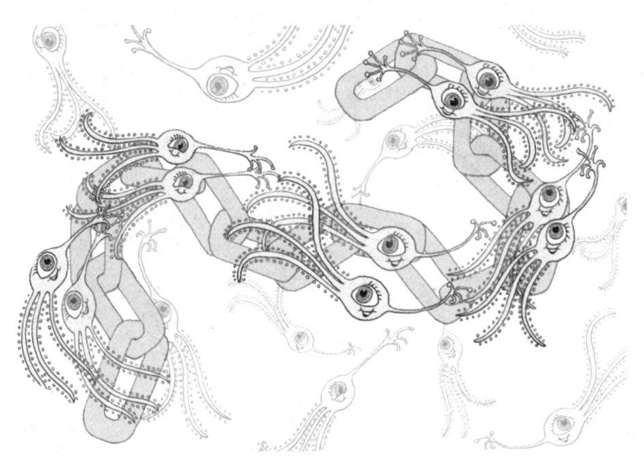

你越是勤加练习，你的大脑链接组就会越强大。[7]

有些人喜欢将一组大脑链接想象成一只老鼠在森林中奔跑的路径（老鼠就好比弹球游戏机比喻中那个弹跳不止的“思维弹

球”)。老鼠沿着路径奔跑的次数越多，路径就越清晰；路径越宽，老鼠就越容易看到它并沿着它奔跑。

那么，对于发散模式而言，老鼠比喻又是怎样的呢？很简单。在发散模式中，老鼠——也就是思维——并不会沿着路径奔跑。思维老鼠会跳上一架小无人机，飞向它的新位置！

你的思维“老鼠”沿着路径奔跑的次数越多，神经路径就会变得越宽、越好走。

你完全不必担心在建立更大更广泛的大脑链接时会意外耗尽所有神经元。你有数 10 亿个神经元——而且你的大脑一直在长出新的神经元。更重要的是，你可以在神经元之间建立上百亿的链接！

你大脑中的轨迹可以改变并成长，这一现象被称为神经可塑性（neuroplasticity）。这个奇妙的词语的意思是，你的神经元就像黏土一样，你可以对它们进行塑造。也就是说，你的神经元可以改变，这就是为什么你也可以改变！

现在你来试试！ 自己动手制作神经元

你可以自己动手制作神经元和大脑链接。制作一组大脑链接模型的最简单的方法是，取一长条手工纸，把两端粘在一起。然后，再取一长条手工纸，将它穿过第一条手工纸（现在那是一个封闭的圆环）。然后将第二条的两端粘在一起。这一过程可以不断重复，直到你的“大脑链接”数量达到你想要的长度。

手艺更高超的制作者可以使用烟斗通条和不同大小的珠子——要确保烟斗通条能够穿过珠子。用烟斗通条制作轴突、扣结（即轴突末端的“手指”）、树突和树突棘。树突棘末端的小球体可以用小珠子来表示。比较大的珠子则可以用来制作神经元的“眼睛”（细胞核）。

自己动手制作神经元是一种很好的方式，可以用来记住神经元所有不同的部位。通过排列你的神经元，将轴突对着树突，你可以更好地理解这些神经元是如何相互“交谈”的。

一个神经元之谜

在圣地亚哥·拉蒙－卡哈尔所生活的19世纪末，科学家尚不知道大脑是由一个个神经元组成的。科学家认为，神经元很可能相互连接，形成了一个网络，而这个网络就像蜘蛛网一样遍布整个大脑。㊀科学家相信，大脑是一个单一的、蜘蛛网状的神经元网络，因为电子信号可以轻松地在大脑的不同部位之间流动。如果这些信号必须从一个神经元跳到另一个神经元上，它们又怎么可能如此轻松地流动呢？

㊀ 认为神经元构成一个单一网络的理论被称为“网状学说”，这与圣地亚哥的理论正相反。后者认为存在许多更小的神经元，它们跨越微小的间隙向彼此发送信号。圣地亚哥的理论被称为“神经元学说”。

问题在于，人们很难看到究竟发生了什么。那时候显微镜的精度不足以让人看清神经元之间是否存在间隙。在当时看来，蜘蛛网理论似乎是合理的，但是圣地亚哥认为神经元之间存在着特殊的间隙，只是这些间隙小到人们看不见罢了。圣地亚哥提出，电子信号能跳跃间隙，有点像电火花那样。(类似于我们的神经元外星人通过相互放电来发送信号！) 当然了，圣地亚哥是对的。现在我们可以用比传统显微镜更好的新工具来观察突触间隙。[1]

今天，神经科学家可以听到神经元在大脑中闲聊的声音。通过使用脑电图 (EEG) 之类的超酷技术，我们很容易看到脑电波，[2] 这就像看着海浪哗哗地涌过。

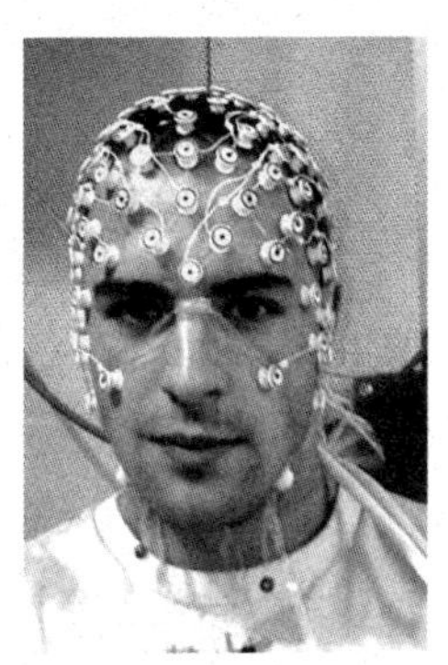

一个头部放置了 EEG 传感器的人。

[1] 不过，并非所有的突触都有间隙。有些神经元确实拥有直接的电子连接方式。这种直接连接在大脑皮质的发育早期更为常见，但是它们中的大多数都在成人的大脑中消失了。

[2] “EEG”全称 electroencephalogram。这项技术将圆形金属片放置在人的头颅外部各处，以帮助研究者看到大脑内部的电子活动情况。

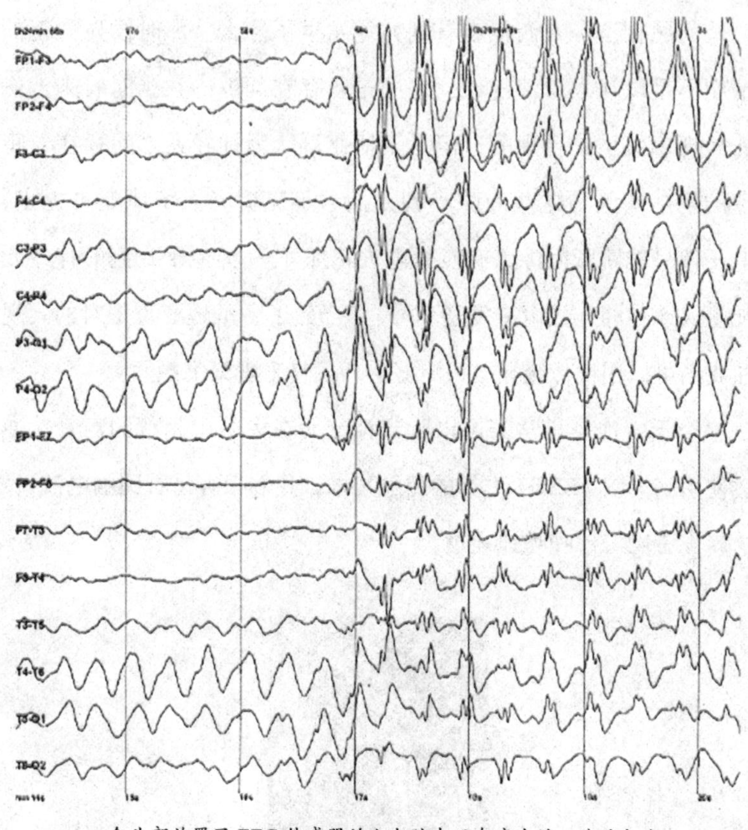

一个头部放置了 EEG 传感器的人大脑中正在产生的一些脑电波。

我们喜爱隐喻！

你知道我们很喜欢使用隐喻吗？隐喻是对两种事物进行的比较。[⊖]

⊖ 英语老师对文字很精通。他们可能会指出，严格说来，有时候我使用的是类比（analogy）或明喻（simile），它们跟隐喻很像。但是为了让这本书中的内容更容易被你理解，我会坚持使用隐喻（metaphor）这个词。

其中一种是你熟悉的事物，比如海浪。另一种则可能是你不熟悉的，比如电波。有了隐喻，你就可以把你已经知道的事物和你正在学习的新概念联系起来，这有助于你学得更快。（显然，电波与海浪不是一回事，神经元不是外星人，树突棘也不是脚趾。它们只是有一些相似之处。）

想出一个富有创意的隐喻是学习新概念或分享重要理念的最好方法之一，这就是为什么有一些隐喻在每一种语言中都具有意义，比如斯瓦希里谚语“智慧就是财富”。伟大的作家都以隐喻闻名。你听说过莎士比亚的那句“整个世界是一座舞台”吗？你就是那演员。

当你想到一个隐喻时，你大脑中的一道轨迹就被激活了。（是的，这道轨迹就是你先前看到过的一组大脑链接。）有了这道轨迹，你可以更容易对“真实”的概念进行复杂的思考。只要能想到一个隐喻，你就已经开始理解更困难的概念了！隐喻有助于你更快地掌握它。（所有这些都涉及所谓的“神经再利用理论”。[8] 这是你在重新利用已经学会的理念来帮助自己学习新的理念。）

通常，到达了某个程度后，隐喻会停止发挥作用。例如，当你更仔细地进行观察时，外星人互相电击这个隐喻就无法很好地解释突触了。当隐喻似乎不再起作用时，你可以直接把它抛开。你可以找到一个新的隐喻来帮助你更深入地理解。你也可以使用不同的隐喻来帮助你理解同一个理念。当我们说一组相互连接的神经元就像一组大脑链接或森林中的老鼠路径时，我们正是这么做的。

通过将新理念与你已经知道的事物相联系，隐喻可以帮助你理解新的理念。一旦隐喻不起作用或者出现问题时，你可以把它扔掉，重新再找一个。

在我们的书中，你会遇到很多隐喻：僵尸、链接、老鼠和章鱼。我们使用各种隐喻来让你更好地理解科学。记住，隐喻仅仅是用来帮助你理解重要理念的简便方法。如果你的隐喻听起来很奇怪，不要担心。有时候，一些古怪的隐喻反而会帮助你对想学习的新理念打开思维。古怪的隐喻通常也是最容易记住的！

现在你来试试！理解隐喻

我们前面提到过两个隐喻：

- 智慧是财富。

- 整个世界是一座舞台。

花一分钟时间思考一下这些例子。你理解它们的含义吗？看看你是否能用自己的语言来表达这些隐喻。如果不能，你可以查阅尾注中的解释。[9]

圣地亚哥·拉蒙－卡哈尔

那么，圣地亚哥是如何成为一位不可思议的科学家的呢？

这一切并不容易。

圣地亚哥的爸爸意识到儿子需要一种不同的学习方法。他爸爸向他展示了真正的人体看上去是什么样的，从而激发起他对医学的兴趣。那么他们是怎么做的？——这对父子在夜里偷偷地潜入墓地寻找尸体。（当时是 19 世纪 60 年代，那时候的人做事情的路子跟现在不一样，今天的你可别去尝试这么做啊！）

圣地亚哥开始绘制人体的各个部位。能够看到、触摸并画出他所了解的东西，这激发了他的兴趣。

圣地亚哥决定成为一名医生。他开始重新学习自己小时候荒废掉的数学和科学。这一次，他很专注。他非常努力地在头脑中建立适当的轨迹，而这是他小时候没有做到的。

最后，他终于成了一名医生！他对所有类型的细胞都感兴趣，所以他决定努力成为一名病理学教授。（病理学教授是辨别健康和病变身体组织的专家。他们的方法是对这些身体组织进行测试，其中包括通过显微镜对它们进行密切观察。）为此，圣地亚哥必须通过一项重要的考试。他努力学习了一年，但是没通过。所以他又努力学习了一年，结果又失败了。最后，他终于在第三次尝试中过关。

圣地亚哥·拉蒙－卡哈尔，他总是领先于他的时代。这是他于1870年前后拍摄的世界上最早的自拍照之一。（请注意，你看不到他的右手，因为他正在用右手摁按钮拍照。）圣地亚哥很关心年轻人，他甚至为年轻人写了一本书——《给青年研究者的建议》（*Advice for a Young Investigator*）。

圣地亚哥继续将通过显微镜观察到的所有神经元画成美丽的图画。时至今日，他的神经元图集依然是现代神经元研究的起点。

但是这里有一个问题。圣地亚哥并不是个天才，他自己也知道这一点。他常常希望自己能更聪明些。他讲话结结巴巴，也很容易忘记细节。但是他对神经元的研究表明，他可以重新训练自己的大脑。他努力学习数学和科学这一类科目，这逐渐改变了他在这些领域的能力。通过缓慢而稳定的练习，他可以建立起新的链接，从而改变大脑的结构。就这样，他从一个爱捣乱的浑小子变成了一位著名的科学家！

今天的科学研究证实了圣地亚哥的发现。我们都可以“认为”自己更聪明。学习会使我们更聪明，而学习如何学习则是你能做出的最佳选择之一，它能助你启动学习进程，让学习变得更成功。这就是这本书中最重要的理念！所以，继续往下读吧！

后面我们还会说到圣地亚哥，我们将进一步了解他为什么能够在思维上超过许多天才——尽管他脑力“有限”。

学习中常见的借口[10]

人们很容易想出很好的借口来解释为什么好的学习技巧不适合自己。以下就是最常见的借口，以及你该如何挑战它们。

1. 我没有时间

如果你不花时间解决问题并且阅读得更慢、更仔细，那么你就无法培养出新的神经连接，而神经连接是你学习的唯一途径。如果你只是快速浏览过一本书中的资料，那么这些资料将仍然停留在书页中，而没有进入你的大脑。你并没有学会它们。这就是为什么你在做波莫多罗时需要集中注意力，必要时重新读一遍。这有助于你充分利用宝贵的时间。

2. 我缺乏想象力

创造隐喻和怪异的图像来帮助记忆，这听起来可能很困难。你可能会认为你并不具备成年人那样的想象力，但事实并非如此！你的年龄越小，你自然拥有的想象力就更多。你应该保持童稚的想象力，以此为基础，通过发挥想象力来帮助自己学习。

3. 我学的东西没用

我们在日常生活中通常不需要做俯卧撑、引体向上或是仰卧起坐。然而，这些练习并不是没用的——它们能帮助我们保持良好的身体状态。同样地，我们所学的东西可能与我们在日常生活中所做的事情不同，但是学习新知识有助于我们保持健康的心智状态。更重要的是，学习新知识能带来一种资源，帮助我们通过使用隐喻来将新的理念转移到生活中去。

4. 我的老师上课很无聊

你的老师负责教给你一些事实和理念，但是你必须靠自己想出一个对你而言有意义的故事，来帮助自己把所有的概念牢记在心。最无聊的事情莫过于老师已经替你完成了所有这些工作，以至于你都没什么事情可干了！

你是学习过程中的一个关键因素。你得承担起责任，为自己理解新知识创造条件，这一点很重要。

暂停并回忆

当你读完本篇“暂停并回忆”后，请把书合上，别去看它。这一章的主要内容是什么？尽量把这些内容写下来——你将发现你的神经元发射信号更敏捷，而且，如果你积极书写，就更容易记住。

在第一次尝试这么做时，如果能回忆起来的东西不多，也不必担心。随着你不断练习这一技巧，你会开始注意到你的阅读方式和记忆能力都发生了变化。说起来你也许不相信，就连杰出的教授有时候都会承认他们很难回忆起自己刚刚读过的重要内容。

完成后在这个方框里打个钩：❑

现在你来试试！创造自己的学习隐喻

我们希望你回想一下最近遇到的学习挑战——无论是数学、语言、历史还是化学。试着为你所学的东西想出一个好的隐喻。向你的一位朋友解释这个隐喻。记住：使用隐喻其实就是寻找一种方法，将你新学的知识与某个你已经知道的事物联系起来。

有一个创造隐喻的好办法，就是拿一张纸出来，在上面涂鸦。从愚蠢的涂鸦中可能浮现出让人意想不到的有用的点子！

这里有几个例子可以帮助你开始：

- 如果你正在学习电子，你可以把它们想象成微小的绒球。流动的电子会产生电流，就像流动的水分子会产生水流一样。

- 你可以想象历史中充满了由不同因素形成的“川流”，它们都在历史事件中发挥了作用，如法国大革命或汽车发动机的发展等。
- 在学习代数时，你可以想象 X 是一只兔子，只有当你解开方程式时才会从洞里跳出来。

与神经科学有关的重要术语

轴突（axon）： 轴突就像是神经元的“手臂”，它会伸向一组大脑链接中的下一个神经元。

大脑链接（brain-links）： 在本书中，一组大脑链接是指通过突触间频繁的“电火花”交流而组成了一个团队的神经元。学习新知识意味着创造新的大脑链接。

树突（dendrite）： 树突就像是神经元的“腿”。树突上的树突棘会接收来自其他神经元的信号，并沿着树突将信号向细胞的主体（神经元外星人的“眼睛”）进行传送。

树突棘（dendritic spine）：树突棘是从树突（神经元的“腿”）上伸出的“脚趾”。树突棘构成了突触连接的一方。

发散模式（diffuse mode）：我们用发散模式这一术语来表示当你正在休息、没有去想任何特别的事情时，大脑的某些区域就变得活跃起来。（神经科学家称之为“默认模式神经网络”“任务负激活网络”或“神经静息状态启动”。）

专注模式（focused mode）：我们用专注模式这一术语来表示当你密切关注某一事物时，大脑的某些区域就开始工作了。在你集中注意力的时候，大脑中的活跃区域跟发散模式中的活跃区域基本上是不一样的。（神经科学家不说“专注模式”，而是使用听上去很有分量的“任务正激活网络启动”这一术语。）

神经元（neuron）：神经元是一种微小的细胞，是构成大脑的关键基本单元。你的思想是由通过神经元传播的电子信号形成的。在本书中，我们说神经元有若干条“腿”（树突）和一只“手臂”（轴突），看上去几乎就像一个外星人。电子信号可以从神经元的腿传播到它的手臂上，然后，它可以“电击”同一组链接中的下一个神经元。

神经可塑性（neuroplasticity）：你大脑中的轨迹可以改变和生长，这被称为神经可塑性。你的神经元就像是可以塑造的塑性黏土。你可以通过学习改变你的大脑！

突触（synapse）：突触是神经元之间的一种特殊而极其狭窄的间隙。电子信号（你的思想）可以在某些化学物质的帮助下跃过这一间隙。当我们说“更强大的突触”时，我们指的是跃过间隙的信号效果更强大。

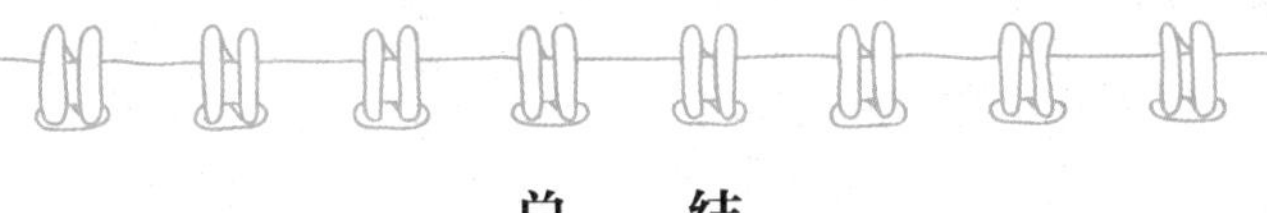

总　结

- 神经元会发出在大脑中流动的**信号**，这些信号就是你的思想。
- 神经元有着独特的外观，看上去几乎就像外星人。神经元的一侧有若干**树突**（“腿”），另一侧有一条**轴突**（“手臂”）。
- **树突棘**就像长在神经元“腿”上的“脚趾”。
- **一个神经元的轴突“电击”下一个神经元上的树突**

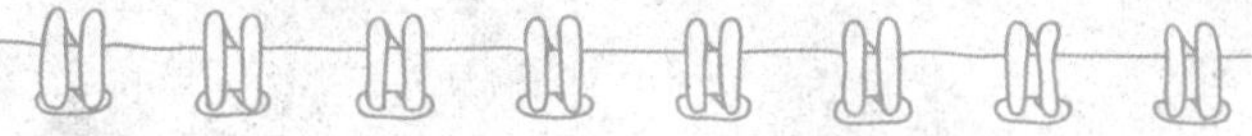

棘。神经元就是这样向身边的神经元发送信号的。

- **突触一词指的是轴突和树突棘之间的特殊狭窄间隙，这里的轴突和树突棘几乎就要碰到一起了。**轴突会将一个“电火花”传递到树突棘上。
- **隐喻是强大的学习工具。**它们能帮助我们重新使用已经形成的神经元轨迹，以便我们能够更快地学习。
- **如果一个隐喻不再有用，那就抛开它，再去寻找一个新的隐喻。**
- 我们在这本书中指出，一组大脑链接（或老鼠路径）可以通过两种方式变得更强大：
    - **让每个突触变得更大，**这样每个电火花都会变得更强。
    - **让更多的神经元参与进来，**这样就会有更多的突触。
- **你可以通过练习来强化你的大脑链接（或老鼠路径）。**
- 人们很容易想出借口来解释为什么好的学习技巧不适合自己。**要勇于挑战它们，这很重要。**
- **即使是那些在学校一开始成绩不好的孩子也可能扭转局面，最终获得成功。**想一想现代神经科学之父圣地亚哥·拉蒙－卡哈尔吧！

测试你的理解程度

你是不是已经记住了这一章的关键内容？回答以下问题。

1. 从一些神经元发送到其他神经元的________形成了你的________。(用最恰当的词填空。)

2. 根据记忆画一张神经元的图片。标注关键部位。刚开始做的时候先尽量别去看前面的图片。运用主动回忆而不是单纯地看答案。这么做可以帮助新的大脑链接成长！

3. 是轴突电击树突棘吗？还是树突棘电击轴突？换句话说，信号究竟是从轴突传递到树突棘还是正好相反？

4. 当隐喻失效，无法再发挥作用时，你该怎么做？

5. 为什么科学家以前会认为你的大脑是由一个单一的神经元网络组成的？他们为什么想不到有许多更小的神经元跃过微小的间隙向彼此发送信号？

6. 什么是“一组大脑链接”？

7.“思想”和森林里的老鼠有什么共同之处？

8. 当你学习新事物时，你的大脑中会形成一组新的________。(这里可以使用若干不同的词语。)

(做完这些题目后，你可以把自己的答案和书后的答案进行比较。)

你已经对下一章进行过图文漫步了吗？已经准备好笔记本了吗？ ❑

教师讲台的另一边

你好，我是阿尔。很高兴认识你。我正在帮助芭布和特里写这本书。有时候教授们会使用专业的字眼和复杂的长句，我的任务就是关注本书中的语言！

我今年42岁，但是今年夏天，我却紧张地坐在一个考试大厅里，周围是一群16岁的学生。当时我正在参加一场化学考试。我是考生中唯一的成年人。为什么？难道我留级留了26年吗？

……

请听我解释。

我在英国的一所学校教书。这是一所很棒、很友好的学校，你一定会喜欢它的。但我教的是宗教和哲学，而不是化学。

事实上，直到一年前，我对化学还一无所知。我年轻时上过一所好学校，但是我不喜欢科学。化学很难，你必须了解很多物质才行。在我年轻的时候，我对这些不感兴趣，于是学校让我放弃化学。

我发现语言对我来说既简单又有趣，所以我学会了很多门语言。这意味着我可以放弃我觉得困难的东西，就像放弃化学一样。

“啃！”我当时想，这真是让人大松一口气！我坚信我的学校帮了我一个大忙，让我不必与棘手的科目苦苦较量。

但是从那时候开始，我经常觉得在我接受的教育中缺失了一样非常重要的东西。

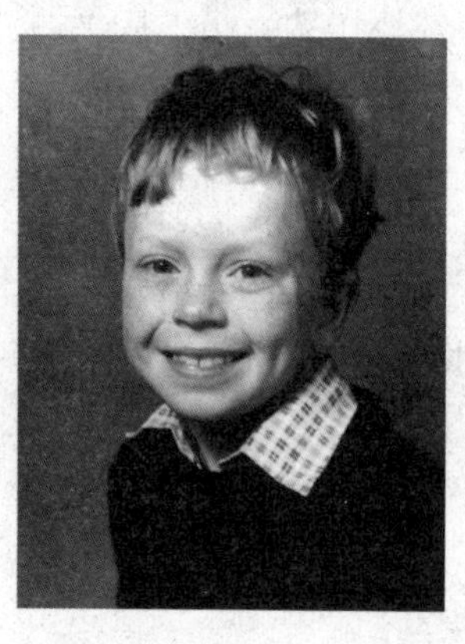

今天还长着头发，明天就秃顶了——这是了解原子之前的我。

我现在的部分工作就是在课堂上观察其他老师，并和他们讨论如何教学以及如何改进。他们能让学生理解代数、第一次世界大战或者是如何击球吗？他们应该如何应对那些不肯好好听课、不断用铅笔戳同学玩的孩子？

我听过不少化学课，总觉得有点难为情。我不明白课堂上发生了什么事。他们使用的语言我听不懂，他们知道该如何混合我从未听说过的物质。

在这些化学课上，学生有时会问我问题。这是因为他们认为我是老师，而这只是“基础”化学，所以我应该知道答案，但我从来都帮不了他们，这让他们有点吃惊。毕竟，如果我对原子一无所知，那我怎么可能帮助化学老师呢？

我过去对此常常一笑置之。但是，在我的宇宙知识背景中有一个这么大的缺口，这让我感觉很不好。

后来我认识了芭布。那是几年前在英国的事了。当时她到我们学校来分享她的故事，我发现这很有启发性，很贴近我的情况。她跟我一样，一直是一位“语言专家”，但她意识到她可以拓展兴趣。她不肯让自己被局限在自己喜欢并且比较擅长的事物中。她告诉我们，我们可以重新开发我们的大脑，而我对此一无所知（因为我对科学所知甚少）。

于是，我决定学习中学化学。我决定用芭布和特里的方法学。我读了芭布的书《学习之道》(*A Mind for Numbers*)，并学习了芭布和特里的在线课程——“学习如何学习”。他们教给我的学习诀窍和窍门正是我们在这本书中要教你的。

我向我们学校里的所有人宣布我要做这件事。我说我会在那年夏天和他们一起参加五年制高中的化学考试，并且希望他们能帮助我。

通常是我教他们，而现在，我想让他们教我。

植树的最佳时间是 20 年前，其次就是现在。

——这据说是一句中国谚语

在我尝试学习化学期间，学生们给了我很大帮助。

我们学校的学生认为我这么做很滑稽。一些学生问我这么做有什么意义，因为我不需要为了我的工作去学习化学。我解释说，我只是想对这个世界有更多的了解，而且我想和他们分享我从芭布和特里那里学到的新经验，我想这也会对他们有所帮助的；此外，我认为这会让我成为一名更好的教师，因为我会回忆起当学生的感受。

学生们对我的帮助令我欢欣鼓舞、满怀惊奇。当我走在校园里时，他们经常问我："化学学得怎么样了，阿尔？"这些提醒会促使我去做一个波莫多罗。他们向我推荐网站和学习指南，考我一些基础知识。当我去听他们的化学课时，他们会邀请我和他们以及他们的实验室伙伴一起做实验。当我陷入困境时，他们会耐心地给我讲解一些最简单的知识。他们本可以嘲笑我，但是他们没有。学生是很棒的老师。

我尽我所能遵循芭布和特里的建议，我每次学习 25 分钟，我特意把专注训练和发散训练混合在一起。休息时间我通常去遛狗，我的狗叫作"紫罗兰"。特里告诉我，运动对他而言非常有用。运动对我也很有用。有时候，我会边遛狗边向"紫罗兰"解释化学概念。教别人是一种很好的学习方式，哪怕你的学生只是一只小狗！

我会主动回忆关键信息。每一个新学的章节结束时，我都会做测试题目，以便进行自测。如果书中有什么东西是我一开始没能理解的，我就会在网上寻找视频——这么做时要当心，别让自己分心。如果这不起作用，我就会去请教我的一个学生，他们通常知道答案，而且我知道教我对他们而言也是有益的。这是一件双赢的事情。

有时候“紫罗兰”不太能够理解我向它解释的东西。

我记得通过改变主题来进行切换。（我们很快就会进一步解释这一点。）我会预习后面的章节，了解接下来会学到什么。我会复习先前的试卷，以便了解老师会考什么样的问题。我在脑海里勾勒了一些荒唐的图像来记忆困难的内容。例如，我想象自己正对着一辆正在融化的白色保时捷轿车哭泣。这帮助我记住，熔化铝的催化剂是冰晶石[㊀]，这是一种白色粉末。这个方法对我很管用……

为了在一年内完成所有学习，我不得不做出了各种牺牲，但这是我向我的学生们承诺要做的事情。我工作很忙，所以我利用学校假期和一些周末来学习化学。我的家人觉得我疯了，但是我很希望摆脱无知的状态，而且我很开心自己掌握了一种行之有效的方法。我能感觉到我正在进步。

㊀ 英语中“哭泣”一词为 cry；“冰晶石”一词为 cryolite，读音类似于 cry-a-lot（大哭）。——译者注

当考试最终来临时，我想我应该没什么问题，但是我没有信心。我在一年内尽了最大的努力，但是大多数学生在考试前都花了五年的时间。我希望我能再多练习一些。我的大脑弹球台上的轨迹究竟有多深刻？

这场考试很公正。其中有些题目很困难，但是大多数考题都让我有机会展示我学到的东西。当我完成试卷时，我觉得我已经尽力了。

我得等上八周才能知道结果。跟我的学生一样，在成绩公布的那天，我很紧张。当我打开信封时，我真是太高兴了！我以很好的成绩通过了考试，我可以理直气壮地把成绩告诉我的学生们。他们分享了我成功的喜悦。

我很高兴我做到了。这让我和学生们在学习方面有了很强的契合感，并且可以与他们分享芭布和特里的观点。这让我重新找到了当学生时不得不与困难的科目做斗争的感觉。教师常常会忘记这一点，因为他们是本学科的专家。他们有时不明白为什么孩子们觉得有些事情很困难。初学者常常会觉得功课很难，能重新明白这一点是很好的事情！最好的感觉来自我和学生们共享了一次经历。现在我更理解他们的世界了，也更了解原子了。这给我上了非常好的一课，让我懂得了师生可以如何通过共同努力成为更棒的学习者。

我认为很多成年人也可以从这样的事情中受益，尤其是那些与年轻人一起工作或是仅仅与他们共度时光的人。你为什么不去挑战你的一位老师，请他去学习新东西呢？或是挑战你的爸爸妈妈？你不妨主动提出要帮助他们，这样你就可以和他们好好谈谈如何成为一个好的学习者，而他们也将更好地了解你的世界。

暂停并回忆

站起来休息一下——喝一杯水或吃一些点心，或是假装你是一个电子，正围绕着附近的桌子运动。在你四下活动的时候，看看自己是否能回忆起本章的内容。

完成后在这个方框里打个钩：❑

现在你来试试！休息一下

阿尔·麦康维尔发现，在波莫多罗之间进行发散型休憩有助于他学习。

拿一张纸出来，列出你最喜欢的、在发散型休憩中对你有效的活动。如果你愿意的话，还可以让一位朋友也这么做，然后对比你们所列举的项目。

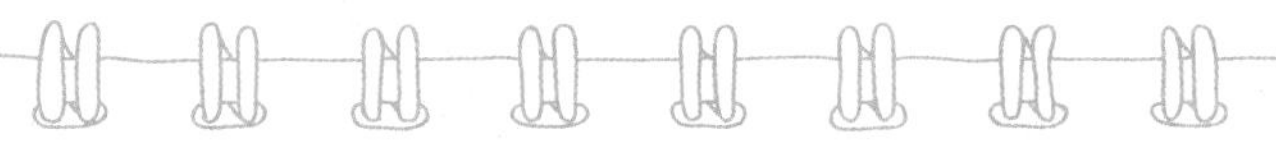

总　结

- **你是可以学会你本以为自己绝对学不会的新科目的。**即使已经是成年人了，你依然可以这么做。
- **学习新科目能够赋予你力量。**
- **要运用波莫多罗和主动回忆等技巧，而且一定要通过勤加练习**（这一点我们即将进一步谈到！）来促进你的学习。
- 如果你看不懂最初的解释，那就**到网上去寻找其他解释。**
- **如果你陷入了困境，那就去请教别人。**
- **不要害怕回到初学者的阶段，**哪怕你比其他学生岁数要大。

你已经对下一章进行过图文漫步了吗？回答过章节末尾的一些问题了吗？已经准备好笔记本了吗？❑

在睡眠中学习

如何在醒来时变得更聪明

你是不是很想升级你的大脑？你是不是想做一次大脑的“软件”升级，让你的大脑链接变得更紧凑？

你知道吗？其实你每天晚上都在进行这样的升级。

研究科学家杨光（音译，Guang Yang）和她的团队在学习领域做出了重要发现。

睡眠的力量

研究科学家杨光专门研究神经元。跟第 4 章中介绍的圣地亚哥·拉蒙－卡哈尔一样，杨光喜欢做出各种发现，她尤其对我们的学习方式深感兴趣。杨光想知道，当我们学习新知识时，神经元是否会发生变化。如果在我们学习的时候神经元的确会发生改变，这或许能为我们改善学习方式提供线索。

杨光发现，神经元的确会改变，而最大的改变则是发生在我们学习完某样东西并去睡觉时。

杨光利用新技术拍摄了一张活神经元的照片。下面的这张照片显示了树突的一部分。你可以看到树突棘（脚趾）正从树突上生长出来。

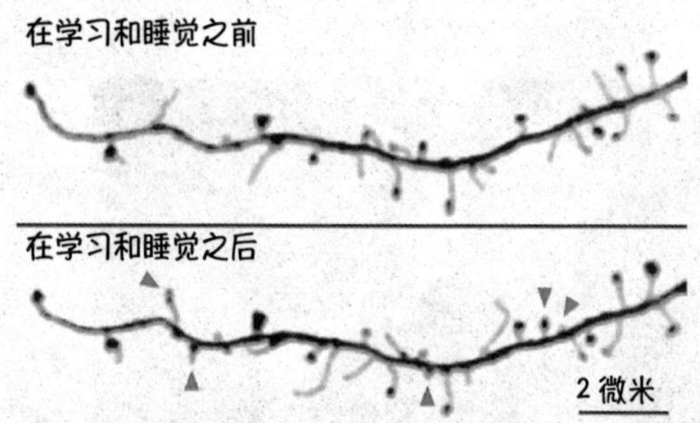

这两幅图像显示了某个神经元在学习和睡觉之前（上图）和之后（下图）的情况。下图中的箭头指向在睡眠中生长出来的新树突棘。请注意，有一些树突棘消失了。它们去哪儿了？（提示：看看后面几页中关于突触真空吸尘器的讨论吧！）

白天，在学习的过程中，树突上开始出现了一些小的隆起但是树突棘真正开始迅速生长却是在睡眠中！[1] 图中的箭头指向了杨光第二天早晨发现的新树突棘。

这些树突棘与其他神经元的轴突形成突触（链接）。哇噢！这意味着大脑链接会在你睡觉时得到巩固！一个神经元甚至可以通过若干突触与另一个神经元连接起来，从而产生甚至更为强大的大脑链接。

在睡眠中，大脑会演练白天所学的东西。我们可以看到电子信号一次又一次地穿过同一组神经元，这就好像在我们睡觉的时候，外星人有机会反复传递一些友好的、令人宽慰的电击。你也可以把这想象成在夜间，你的思维小老鼠有机会沿着神经路径更多地跑动。这种睡眠过程中的“夜间练习”似乎能够让树突棘长得更大。

当树突棘长得又好又宽时，突触就会变得更强大（也就是说，它能发送更强大的信号），这样你的大脑链接也会变得略微更大、更强壮。

白天热切地专注于学习新事物可以激发新的树突状“隆起”开始形成。（在这里，就需要用到主动回忆了，因为它有助于催生那些最初的隆起。）然后，到了晚上，当你睡觉时，这些小隆起就会变成树突棘。

新的树突棘与新的神经元之间有突触链接，正如我们在前一章中提到的，你拥有的这些链接越多，链接越强大，你的大脑链接组就越强大。这意味着思考正在学习的东西会变得更容易。这就像让你的思想沿着一条平坦宽阔的道路驰骋，而不是在一条满是坑洼的泥泞小巷中穿行。

顺便说一句，仅仅是阅读本书的这一页就有助于新的树突棘开始形成。当你学习时，你的大脑就会发生改变！

不过，奇怪的是，树突棘有点像测谎仪。新的树突棘及其突触只有在你真正专注于你想学习的新信息时才会开始生长，你无法欺骗它们。树突棘能够分辨出你是在玩视频游戏、跟朋友发短信聊天，还是在学习。事实上，即使新的树突棘和突触形成，如果你不使用它们，它们也很容易缩小并消失。不用就会失去。

这就像有一位“突触清洁工”过来将那些没有被使用的树突棘给清理掉了。有了新的成像技术，我们可以观察到树突棘消失！仔细看上一页的图片，看看你是否能在图的右侧找到一个一夜之间消失了的树突棘。（如果你找到了，就表扬自己一下！）

“突触清洁工”正在清理树突棘。

这就是为什么你能理解老师在课堂上教授的知识，可如果你要过上几天再去复习这些内容的话，你就可能发现自己一点儿都

不懂了。这样一来，你就必须重新专注于相同的内容，重新开始树突棘生长的过程，就像初次学习时那样。间隔安排你的练习，你记住它的时间就会更长。

现在你来试试！检查你的突触链接

神经元不仅仅存在于大脑中，它们也存在于身体的其他部位。其实你可以看到你的神经元和突触发挥作用。试试下面这个实验。

坐在床上，把脚悬挂在床边，然后轻轻敲击膝盖骨下面的位置。（如果敲的位置不正确，就不会起作用了。）

要注意别敲得太重，强度只要能让你的膝盖自动抽搐就够了。这叫作反射。当你轻轻敲击膝盖下方时，这会使膝盖上方的一根肌肉发生扯动，然后，这根肌肉通过感觉神经元将一个信号传递到脊髓。在那里，该信号跃过一个突触，传递到一个运动神经元上，后者会抽动你的肌肉。突触的强度（也就是那个跃过神经元间隙的信号的强度）决定了你的膝盖抽搐的程度。一组强有力的突触会使你的膝盖快速抬起来，但是微弱的突触则无法让它大幅度移动。这就是医生轻敲你的膝盖时所要检查的情况。(如果你无法让膝盖抽搐，也不要担心——有些人就是对敲击膝盖没有反应，但身体也安然无恙。)

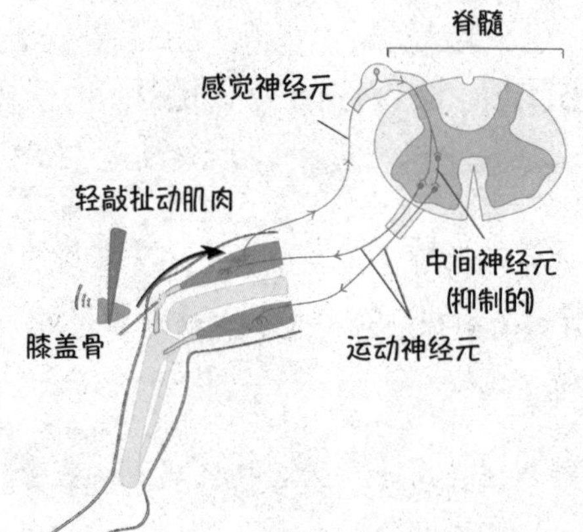

当医生轻轻敲击你的膝盖下方时，他是在检查你的突触链接情况。你也可以这样做。

反射有很多种。如果有人在你面前大声喧哗，你会眨眼。如果你用手指按压婴儿的掌心，婴儿就会抓紧你的手指。许多反射的好处在于，它们能保护你的身体。例如，当你碰到滚烫的炉子时，你会迅速做出反应，从而避免烫伤。这些信息只需要从肌肉传递到脊髓，然后再返回肌肉，而不需要一直传递到大脑。传递到大脑需要花费时间！当你的手碰到滚烫的炉子时，你得尽快把手挪开，而不是等在那里思考一番。

间隔检索练习：如何构建学习的砖墙

好吧，我们来重申一下：你重复学习、练习和睡眠这一过程越频繁，你就能生成越多的新树突棘和突触链接。更强大的链接加上更多的链接。哇噢！这是多么强大的学习构架啊！

好的学习构架就像坚实的砖墙。它们一点一点地成长，每时每刻变得越来越强大。如果你每天花一些时间学习某个特定的项目，持续若干天，你就可以获得若干段时间的睡眠。这就能给予新的突触链接更多的生长时间，从而帮助新知识获得真正的巩固。[2]神经路径被你的思维老鼠一次又一次地跑过，它在你晚上睡觉时也不会停止奔跑。（记住，老鼠是喜欢夜间出没的生物！）勤练方能持久——或者说，至少能强大许多！

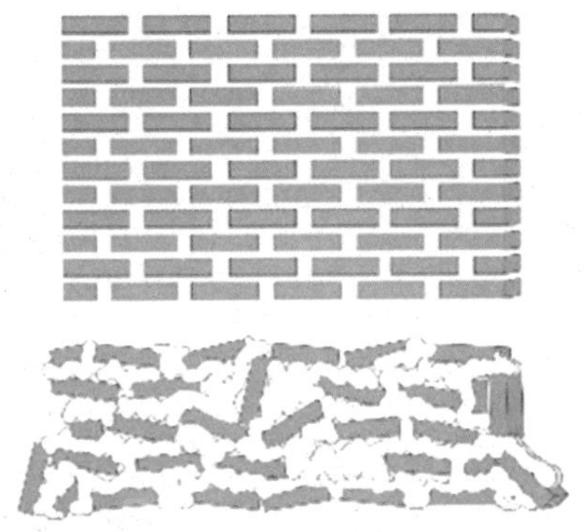

如果你在睡觉时让各层砖块之间的“砂浆变干”，你就能建立起坚实的神经基础，就像上图中的墙那样。如果你不让这些砖层变干，而是把你的建墙工作（学习）像填鸭一样挤在一天内完成，你的墙就会变得一团糟。如果你把一切工作都拖到最后一刻再做，这也可能是你在学习中遇到的事。

“填鸭”意味着拖延以及等到最后一分钟才开始学习。**现在你可以明白为什么填鸭是个坏主意了。把工作拖到最后一分钟去做，你用于反复练习的时间会变少，用于睡眠并产生新突触的夜晚也变少，所以你无法很好地回忆起细节。**此外，把你的新想法和其他想法联系起来的时间也变少了。

有些学生会做“逆向拖延”。例如，如果老师布置了周五要交的家庭作业，他们可能会在周一就做完所有的家庭作业，这样一来，作业做好了，不再碍事了。逆向拖延很棒，但是在你交作业之前，作为一种补充，最好能不时地复习一下，目的就是为了给你的大脑一个增强联系的机会。

这再次强调了这样一个事实：在你学习一样新东西时，你必须尽快回顾——赶在树突棘和突触链接开始消失之前。如果树突棘和突触链接消失了，你就必须从头开始整个学习过程。你应该在你已经学到的知识上添砖加瓦，复习你的笔记，向一位朋友讲解你的笔记，制作学习卡片。等你变得更擅长检索信息了，就不需要那么频繁地查阅它们了。[3]在一段日子里持续进行的简短练习比一次性的长时间练习更有助于将信息储存在记忆中。

记住，不要一个劲儿地看答案。要努力将它从你的头脑中调取出来（“主动回忆”技巧），只有在万不得已的情况下才去查看答案。积极地从头脑中“调取”，这能刺激新树突棘的生长。光看答案是无济于事的。

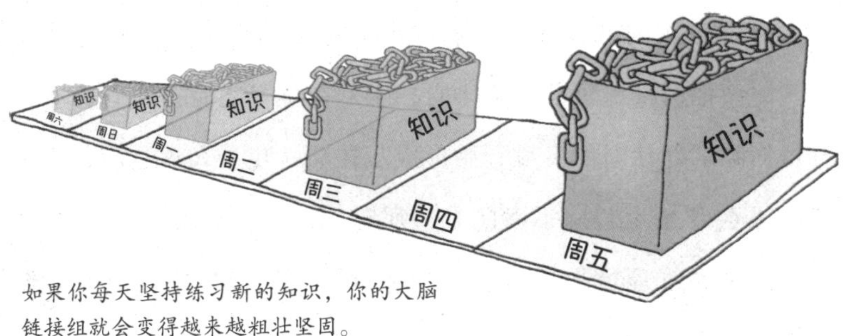

如果你每天坚持练习新的知识，你的大脑链接组就会变得越来越粗壮坚固。

这里有一个例子。一个女孩正在学习一些关于大脑不同部位名称的新单词。你可以从前面的日历中看到，她在周六学习了新单词，当时她对这些单词还不太熟悉。她在周日和周一对这些单词进行了回忆练习，于是链接开始增强。经过三天的连续学习，新的知识开始巩固了，所以她可以休息一天。但是新的单词链接还没有完全巩固下来。到了周二晚上，新知识的记忆刚刚开始消退。周三的再次回顾使记忆再次得到巩固。周五再进行一次回顾，确保这些单词在大脑中留下的痕迹非常清晰。在周一的测验中，她的表现会非常好。

回忆是最有效的学习促进方法之一。

另一些人则试着在考试前的那个星期一上午进行所有的学习。即使他们投入了好几个小时，但是在学习之后，他们也不会有任何睡眠好让新的突触开始形成。在周一晚上入睡之前，这些路径不会开始生长。不幸的是，那时候测验已经结束了——太迟了。突触管理员很快就会清除掉微弱的链接模式。他们损失惨重！

更糟糕的是，在为测验而进行过填鸭式学习后，你往往会想，我不会再用到这些东西了。所以你不会再练习它。对于一些刚刚学过的东西，如果你不加以练习，就很容易让突触吸尘器悄悄潜入你的大脑，将那些新的树突棘吸走。于是，你试图培养的新链接最终就消失了。

如果你不去练习正在学习的新知识，你的突触管理员就会开始清扫突触，甚至是直接把它们吸走！

有一点非常重要，你要牢记在心，那就是：有些人比其他人需要进行更多的练习和重复才能记住一个概念。这很正常！例如，我经常需要做比别人多得多的练习。练习、练习、再练习。只有这样我才能掌握信息，而我的合著者特里掌握新知识和概念的速度则要比我快得多。本书的第三作者阿尔学习某些东西很快，学习另一些东西则很慢。可即使我们每个人的学习方式和学习速度不一样，我们各自也都有一些好东西可以贡献给学习领域。所以，如果你得比朋友花更多的时间才能学会各种东西，你也不必感觉难过。你照样可以和他们一样很好地掌握知识——有时甚至掌握得更好。

你可能得学习并掌握很多门功课，这没有关系，每当你开始学习一门功课时，在学习的过程中都要全神贯注，不要去想其他必须做的事情。当你开始学习下一门功课时，就对这门功课全神贯注。有时候，要跟上许多完全不同的主题看起来很困难，但这有助于保持你的思维灵活性。你可以创建一套套新的大脑链接，每天通过很多不同的功课来加以练习。你的大脑里有着浩瀚的空间——你甚至完全不可能用新的知识和事实来填满它，不管你有多么努力！

下面该讲述新的话题了。在下一章中，我们将去了解大脑的注意力章鱼！

暂停并回忆

当你和家人、朋友或同学在一起时，试试这个主动回忆练习。告诉他们你从这本书或你正在学习的课程中了解到的最重要的知识点。教新知识能让你用新的方式思考它，复述能让其他人也对学习感到兴奋。同时，它还在你的头脑中建立了更强的大脑链接，所以在接下来的几周和几个月里你将能更好地记住它们。即使你正在学习的东西很复杂，你将它简化后解释给别人听也有助于你加深理解。[⊖]

完成后在这个方框里打个钩：❑

现在你来试试！ 在睡眠巩固之后复述你所学的知识

下一次当你要学习某样有点困难的新东西时，试试这个实验。

⊖ 这有时也被称为“费曼技巧”，出自才华横溢而又非常风趣的物理学家理查德·费曼（Richard Feynman）。下列网址上有芭布的朋友斯科特·扬（一位学习探险家！）关于这项技巧的视频：https://www.youtube.com/watch?V=FrNqSLPaZLc。

在第一天练习几次，看看你是否能在学习之后回忆起新知识。这有点困难，不是吗？

现在带着新知识睡一觉，第二天试着回忆几次新知识。你注意到事情开始变得容易多了吗？

如果你连续尝试几天，你很快就会发现思考新知识变得容易许多。当你需要时，你将能够迅速把它们回忆起来。

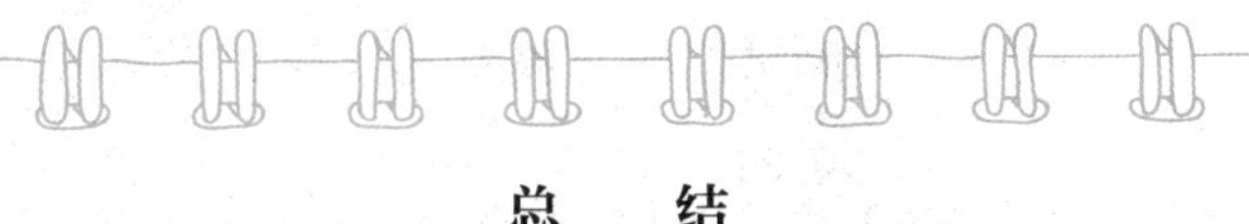

总　结

- 当你开始吸收新的信息时，新的树突棘和突触就开始形成。但是只有当你晚上睡觉的时候，**树突棘和突触才会在你专注地学习之后真正地成长起来。**
- **睡眠提供了“砂浆”，巩固你的学习之墙。**
- 如果你继续练习你正在学习的东西，树突棘和突触就会进一步成长。**你越是沿着你的神经路径进行思考，你所学的东西就会越持久。**大脑链接组就是这样产生的。
- **不要搞填鸭式学习。**把你的学习间隔分布在若干天

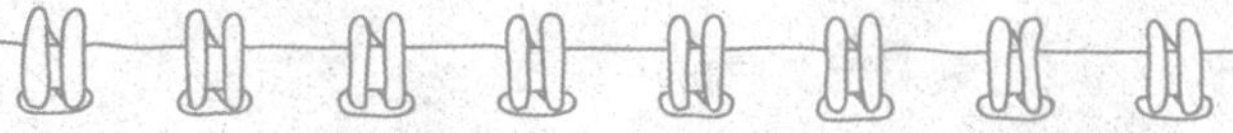

内。这样你会有更多的夜间睡眠时间来获得更多的树突棘和突触，让你的功课在大脑中得到巩固。

- **每个人的学习速度都不一样。**如果别人比你学得快，不要难过，生活就是这样。再多花一点时间，你很快就会发现，作为一名“慢”学者，你可能拥有特殊的优势。

测试你的理解程度

1. 为什么睡眠在学习中很重要？

2. 为什么说树突棘很像测谎仪？

3. 当你对一个新知识加以练习时，突触会发生什么变化？

4. 为什么间隔安排学习时间很有好处？

5. 向你自己或是朋友解释“砖墙”这个隐喻。

6. 读完这一章后，你会做出一个什么样的改变？

（做完这些题目后，你可以把自己的答案和书后的答案进行比较。）

你已经对下一章进行过图文漫步了吗？回答过章节末尾的一些问题了吗？已经准备好笔记本了吗？ ❑

7 书包、储物柜和你的注意力章鱼

想象有一只注意力章鱼，它的触手从你的书包一直伸到学校的储物柜。[㊀]这听起来很奇怪吗？注意听我说。

你的**书包**可能比你的储物柜要小很多。这是一件好事，因为你得背着书包到处走。（你试过背着储物柜到处走吗？千万别试。）但是书包有一个缺点。与储物柜相比，你无法用它随身携带很多东西。

储物柜通常比书包大，它们能装的东西也远远超出书包，而且你还可以在储物柜的四壁和门上贴东西。但是储物柜也有一个缺点，它不在你身边，要拿东西你必须走到储物柜大厅那里。

㊀ 好吧，也许你们学校不提供储物柜，或者说，即使有它也很小。无论是哪一种情况，你只管和我们一起玩，假装你在附近有一个大储物柜，如果你需要的话，可以把东西放在里面。

书包和储物柜。你该使用哪一个？

为什么我们要谈论书包和储物柜？

你猜对了，它们是隐喻。你的大脑储存信息时就像书包和储物柜。为了做到这一点，你的大脑使用了两种不同的系统：**工作记忆**和**长时记忆**。[1]

工作记忆就像你的书包。它很小，不能容纳太多东西，不仅如此，有些东西还会从里面掉出去，但是它真的很方便，它里面容纳了你正在有意识地处理的所有东西。这就是为什么它被称为工作记忆。

储物柜就像你的长时记忆。它位于大后方，在大厅里。你可以在储物柜里储存许多信息，远远超过了书包，但有时候储物柜里东西太多，很难找到你要的东西。

工作记忆：引入你的注意力章鱼

让我们来探究一下你的大脑书包，也就是你的工作记忆。想象一下，有一只友善的小注意力章鱼就住在你的大脑书包里。章鱼让你得以在头脑中保存各种知识。你的章鱼每条触手的末端都能产生一个小小的电火花，它通过这种方式和神经元“说话”。

注意力章鱼也是一种隐喻。我们知道，隐喻是一种很好的学习方法。

你的注意力章鱼，即工作记忆，住在你的大脑前部，也就是前额叶皮质，它就在你的眼睛上方。

你的注意力章鱼生活在你的大脑书包，即工作记忆区里。它有四根触手可以用来保存你正在处理的信息。

注意力章鱼帮助你将信息储存在工作记忆中，它负责处理你脑子里现在正在想的事情。你可能刚刚被介绍给三个人：乔恩、梅格和莎拉。你的章鱼会用它的触手来记住这些名字。

等等，她是叫莎拉吗？还是叫莎丽？你的章鱼的触手可能有点滑，让信息溜走了。这就是为什么我们得重复自己想暂时记住的事情。比如说名字“莎拉，莎拉，莎拉”或者是电话号码，或者是妈妈叫你做的家务活清单。这可以帮助章鱼保存信息，或许一直保存到你能把它们写下来。（事实上，把事情写下来也是帮助章鱼保存信息的一种方式！）

你的注意力章鱼和普通章鱼不一样。一方面，它是电子章鱼。另一方面，它只有四根触手，所以它只能同时保存大约四样东西。心理学家会说工作记忆中有四道“槽”，但我认为章鱼的触手是一个更好的隐喻。[2]

这里有一个思维清单的例子：遛狗、打扫房间、逗弟弟玩、做家庭作业。如果试着增加更多的项目，你就很可能会忘记。因为你的章鱼没有足够多的触手。

当你没在关注什么事情时，章鱼就会扔掉信息，开始打瞌睡。它在等着你唤醒它并让它重新开始工作。

当你没在关注什么事情时，你的注意力章鱼就会扔掉信息，开始打瞌睡。

你该如何唤醒你的注意力章鱼？通过关注信息。你是否曾经刚听到某个名字就把它给忘记了？那是因为你没有集中注意力。如果章鱼睡着了，它就无法抓住信息。㊀

接受头脑挑战，比如做这个拼图游戏，或是做一道数学题，可以让你的注意力章鱼变得很忙碌。

当你学习新事物时，你的工作记忆会忙碌地进行放电活动。[3]这时你的章鱼会很忙，所有触手会交互纠缠。下面这张图显示了当你在专注学习很困难的东西时，你的注意力章鱼是什么样的。比如说你正在做物理题，学习生物学新概念，或者是在翻译一个德语句子。

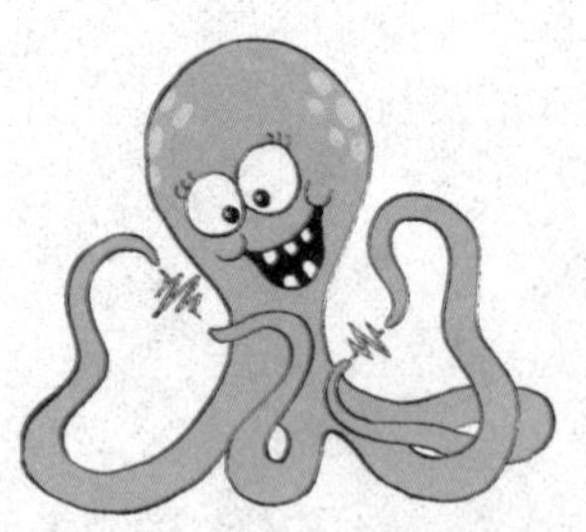

学习新事物可以让你的注意力章鱼勤奋工作！

㊀ 顺便说一下，在发散模式中，你的注意力章鱼是睡着的。但是，这时候章鱼的触手仍然可以随机发出电火花并形成新的连接。这就是创造力的来源！

每个人都有一只注意力章鱼，但是每个人的章鱼都有一点点不同。大多数章鱼有四根触手，但有些章鱼可能有五根，甚至更多。这些章鱼可以让大脑记住更多信息。有些章鱼只有三根触手，它们就无法记住那么多信息。有些章鱼的触手可以抓得很紧，这样信息就很容易“黏附”在头脑中。另一些章鱼的触手则比较滑，信息似乎很容易滑落。㊀4 你的章鱼是什么样的？如果你觉得你的章鱼触手比较少，或是比较滑，那也不要担心。这看起来似乎很糟糕，但是在某些情况下，这是非常有用的。

在任何情况下，你的章鱼都会累的。它只能在短时间内保存信息——可能是 10 ～ 15 秒，然后信息就会开始溜走，除非你集中注意力，或是通过重复将它记住。如果你想在长时间内记住信息，就得将信息放在另一个地方，那个地方得比工作记忆区更安全。你该怎么做？

长时“储物柜”记忆

幸运的是，你的大脑中还有另一个记忆系统：长时记忆。它就像是你的“储物柜”。你在储物柜里储存的信息要比书包多得

㊀ 随着年龄的增长，当人进入 60 岁以后，他们的章鱼抓握力可能会松弛，但是你在第 14 章中将看到，动作风格的视频游戏可以帮助人们恢复记忆抓握力。研究表明，视频游戏能让 60 岁的人的注意力恢复到二十几岁时的水平！

多。它就像是魔术师的道具，从外面看上去很小，但是里面却很大。你永远无法装满它。它里面有你朋友的面容，有你最喜欢的笑话，有你学校的布局，还有很多事实和概念。你过去所记得的一切事物都储存在你的长时记忆中。那么长时记忆位于大脑的哪个位置？——它并不像工作记忆那样集中在某个区域，而是分布得非常广泛。

每一条信息都是一组大脑链接。简单的信息形成小的大脑链接组，较复杂的信息则由更长、更错综复杂的大脑链接组构成。

但是如何才能把新学到的事物放在长时记忆中？人们是如何建立大脑链接的？是否有简单的办法来帮助你记得更轻松？

有的！我们将在下一章中开始学习这些技巧。

暂停并回忆

这一章的主要内容是什么？几乎没有人可以记住很多细节，这没有关系。如果你把主要内容塞进几个关键的大脑链接组中，你会惊讶地发现自己的学习进程突飞猛进。

完成后在这个方框里打个钩：❑

现在你来试试！表演你自己的记忆

还记得莎士比亚的隐喻“整个世界是一座舞台”吗？现在创造你自己的舞台剧，其中的角色是一个书包、一个储物柜和一只注意力章鱼！你可以在镜子前面表演各个角色，但最好是和朋友们一起表演。用这个舞台剧来解释不同的记忆系统，以及它们是如何与注意力章鱼和大脑链接合作，帮助你安排学习活动的。

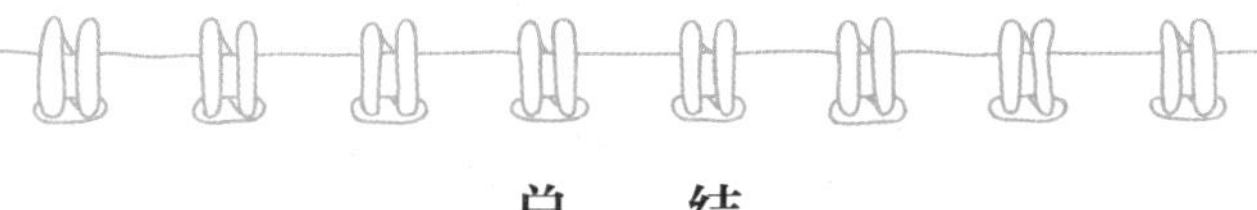

总　结

- 你有**两种记忆系统：**工作记忆和长时记忆。
- **工作记忆**涉及你此刻有意识地思考的事情。
- 工作记忆系统主要位于你的前额叶皮质。
- 你可以将你的工作记忆想象成一只友好的“注意力章鱼”，它通常有四根触手。**只有四根触手就解释了为什么你的工作记忆只能保存数量有限的信息。**
- **长时记忆**分散在你的大脑中。你必须用注意力章鱼的触手去“够”它。你的长时记忆拥有接近无穷的储存空间，但是你需要通过实践和信息处理来驾驭它。

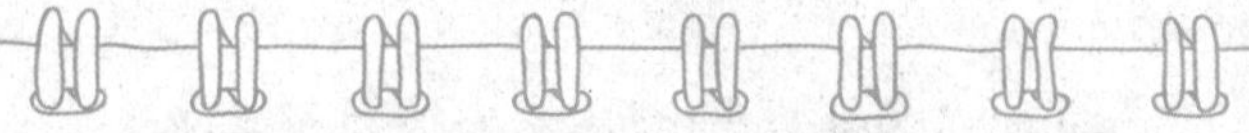

测试你的理解程度

回答以下问题，检验你是否理解了本章的内容。回忆并解释你学到的新知识能够起到加强巩固的作用。(记住，如果你只是到书后去寻找答案，而不是先从脑海中调取答案，那对你是没有任何作用的。)

1. 为什么说你的工作记忆就像一个书包?
2. 你的注意力章鱼“住”在大脑中的哪个区域?
3. 人的工作记忆通常能保存多少条信息?
4. 为什么说你的长时记忆就像一个储物柜?
5. 你的长时记忆位于大脑的哪个区域?

(做完这些题目后，你可以把自己的答案和书后的答案进行比较。)

你已经对下一章进行过图文漫步了吗？回答过章节末尾的一些问题了吗？已经准备好笔记本了吗？ ❑

8 增强记忆力的巧妙方法

尼尔森·德里斯（Nelson Dellis）小时候是一个再正常不过的孩子。他会忘记亲友的生日、购物项目和人们的名字。凡是可以忘记的东西，他都会忘记。有一天，他爸爸回家时，发现一只热狗在炉子上烧着了，因为尼尔森忘了他已经把火点着了。

但是多年以后，31 岁的尼尔森参加了美国记忆锦标赛，他进入了决赛阶段。他的强大对手们在上午击败了他，凭借迅速记忆卡片和数字的能力打破了纪录。尼尔森创造了一项记忆名字的纪录（在 15 分钟内记住了 201 个名字），但他仍然落后。进入下午的最后一轮比赛后，他需要发挥他的全部记忆专长才能有获胜的希望。他必须完全记住两副牌（总共 104 张！）的排列顺序。

尼尔森真的能成为美国记忆冠军吗？

一个健忘的普通人有可能成为一名记忆竞技选手吗？

尼尔森·德里斯原本记忆力平平，最后却成为一名非凡的记忆专家。他是怎么做到的？

深入研究长时记忆

我们已经对你大脑书包里的章鱼有了很多了解，那是你的工作记忆。在这一章中，我们想更仔细地研究你的储物柜里是什么情况。换句话说，研究你的长时记忆。

你的长时记忆包括两个部分：

（1）放在储物柜架子上的牙膏管。

（2）储物柜的其余部分。

什么？牙膏管和储物柜的其余部分？

这两者是我们对长时记忆的两个部分的隐喻。这里的要点是：把东西塞进牙膏管是很困难的。（你试过这么做吗？）另一方面，在储物柜的四壁上贴图片却很容易。

你的注意力章鱼把信息从长时记忆中提取出来，与此同时，它也把信息放进长时记忆中。章鱼根据该信息是**事实**还是**图像**来决定把信息放在哪里。[㊀1] 对你的大脑而言，事实就像牙膏，很难储存。所以，如果信息是事实，那么你的章鱼就会努力把这个事实塞进牙膏管里。你可以想象，这非常艰难！然而，如果信息是一幅图像，那么你的章鱼就会简单地把它贴在储物柜壁上。完成！

牙膏管就像你的储物柜的“事实”部分，即你的长时记忆。要把东西塞进牙膏管是很困难的！

㊀ 心理学家把这两种不同的范畴分别称为语义的（事实）和情境的（图像）。

我所说的事实指的是什么？它可能是一个日期。比如说，硅芯片被发明的那一年，1959 年。[㊀]或者说，葡萄牙语中“鸭子”这个词是 pato。

这种事实是抽象的，你无法很方便地把它们想象成图片。这就是它们难以储存的原因。

记住图像信息则要容易许多。你家餐桌周围有多少把椅子？你可以在脑海中想象出你家的餐桌，然后数一数椅子。你也可以很轻松地描述你前往杂货店的路线。

这里有一个窍门。如果你把想记住的事实转换成图像，你就更容易记住它。如果这幅图像很不寻常，那它就更容易被记住了。如果这幅图像中包含动作，那么它似乎能被记得更牢。

尼尔森就是这样做的！

尼尔森关于记忆的五个窍门

现在，尼尔森·德里斯拥有很好的记忆力，因为他一直在努力培养它。[㊁]他有一些有用的窍门，可以用来记住几乎任何事物。诗歌、数字、演讲稿、外语词汇，等等。关于如何让信息进入你的头脑并且被记住很长时间，我去请教了尼尔森。下面就是他提供的秘诀。[2]

㊀ 硅芯片就相当于计算机的神经元。

㊁ 尼尔森所著的《记住它！》（*Remember It*！）是一本非常棒的书。（它是针对成年人撰写的。）

如果你想记住什么东西，
就提醒自己集中注意力，
这很有帮助。

（1）专注——集中注意力！这听上去是显而易见的事，但你得告诉自己要集中注意力，告诉自己要开始进行记忆了，这一点很重要，对你会有很大帮助。尽最大可能专注于你要记住的东西。你越是经常练习掌控你的注意力，你就会越善于集中注意力。

（2）练习。尼尔森说："要想擅长做某件事情，你就必须不断练习。这一点适用于世界上的任何事情。"所以，练习记住一些事情，无论那是生物课上讲到的事实、待办事项列表，还是朋友们的电话号码（你可以让他们大吃一惊，因为如今几乎没人再这么做了）。

（3）想象事物的画面。你对图像的记忆力比对抽象事实的记忆力要好得多。把你正在记忆的任何东西变成你可以在脑海中想象的画面。尼尔森说："你的大脑会立刻吸收这些东西。"如果你在画面中添加动作，这会使图像更容易被记牢。大猩猩是一回事，而跳探戈舞的大猩猩则是另一回事。

（4）储存信息。找个方法把信息与你已经知道的事情联系起来。找一个锚，这样你就可以把图片放在大脑中很容易找到的地方。例如，把一个刚见到的人的名字和脸与你已经认识的某个人联系起来，如此简单的做法也是一种很好的锚定策略。（他的名字叫丹，和我的叔叔丹一样，但是他比我叔叔矮多了。）还有其他储存信息的方法可以让我们轻松地从记忆中获取信息，稍后我们将描述其中的一些。

（5）回忆。回忆。回忆。在这份列表中，前面的所有步骤都是为了让信息更容易进入你的头脑中。但是，最后这一个主动回忆的步骤，也就是反复将信息调取到思维中的做法，才是让信息安全地储存在长时记忆中的关键。一开始，你必须频繁地回忆，但是随着时间的推移，频率越来越低。在这里，学习卡片很有用。Quizlet 是一款很受欢迎的学习卡片应用程序，它也包括了听写、翻译、测验和游戏。

正如尼尔森本人说的，如果你很难集中注意力，那么练习识记技巧将提高你的专注能力。记住！专注力和识记能力会相互增强。

我来解释一下。假设尼尔森必须记住三件事情：

（1）“葡萄柚”的法语单词是 pamplemousse。

（2）神经元由轴突（axons）和树突（dendrites）构成。

（3）吃砒霜是很不好的。

尼尔森可能会想到以下画面：

（1）一只驼鹿在给一个充气葡萄柚打气。（“Pumper moose”[1]应该跟那个法语单词足够接近了！）

（2）一个困惑的僵尸。他的斧头跟钢笔都掉在了地上，他把它们都捡起来，把斧头绑在自己的背上，然后开始写字。背上斧子（axon），然后书写（den drites）！[2]

背上斧子，然后书写（den drites）！

---

[1] 意为打气驼鹿。——译者注

[2] Axon（轴突）一词分开写为 ax on，意为“背上斧子”；dendrites（树突）一词分开写为 den drites，与 then writes（然后书写）发音相似。——译者注

（3）一个呕吐的人。如果你吃砒霜，你就会生病！

基本上，尼尔森是靠给自己讲老掉牙的视觉笑话来帮助记忆的。

你会惊奇地发现，当你用一种愚蠢可笑的方式来进行记忆时，就能非常轻松地记住事情。而且，创造这些画面非常有趣！

这里有一个例子，是在阿尔学习化学时发生的。在化学中，有一个术语叫作“活性顺序”（reactivity series）。大致说来，一些化学物质比另一些化学物质更容易爆炸。我们有必要知道什么物质会爆炸、什么物质不会爆炸！为了参加考试，阿尔必须记住这张活性顺序表。

阿尔必须按照正确的顺序记住以下金属：

（1）钾

（2）钠

（3）锂

（4）钙

（5）镁

（6）铝

（7）锌

（8）铁

（9）铜

（10）银

（11）金

这是 11 种“金属”的正确排列顺序。很难，是不是？你可以一遍又一遍地大声朗读它们，但你还是记不住，所以你需要使用一个窍门。

阿尔的窍门就是想象一个穿着运动服的男生正待在一个科学实验室里。外面阳光灿烂，他很想出去运动。他抬头看着老师，老师手里正拿着一根试管。他说：“拜托，老师，让我们取消数学和科学课，改成板球、游泳、高尔夫球课吧。”（Please，sir，let's cancel math and zience. Instead，cricket，swimming，golf!）

这个英语句子中每个单词的首字母就是每个金属名称的首字母。这叫作助记符号（mnemonic）。阿尔的助记符号使他能够在考试一开始就写下这个序列，然后他就可以利用它来解决化学问题了。他不得不把 science（科学）一词改成“zience”，但这个方法对他奏效了！

记忆宫殿技巧

尼尔森·德里斯在记忆比赛中创造了许多匪夷所思的图像，但是他还向前迈进了一步。要想有机会获胜，尼尔森必须记住很多不同的古怪东西，它们数以百计，而且要按照正确的顺序把它们排列好。

为此，他使用了“记忆宫殿”技巧，也就是用一个自己所熟悉的地方作为记忆工具。这一技巧已经有 2500 年历史了，古罗马著名作家西塞罗（Cicero）曾经利用它来记忆自己的演讲稿。现代研究表明，使用这一技巧可以改变你的大脑，帮助你开始拥有更好的记忆力。[3]

想象一个你所熟悉的地方，比如你的家。然后在脑海中想象自己在家中到处走动，把你需要记住的东西“放”在家中的各个地方。确保你对每一样东西的想象都有一点惊人或愚蠢之处。给它们添加一点动作。然后想象自己在家中走动，看到了它们。你甚至还可以和它们交谈。

假设你需要记住一些食品的单词：牛奶、面包和鸡蛋。

想象你遇到了一大瓶长着一张笑脸的牛奶，当你从前门走进去时，它笑得更欢了。

“你好，牛奶先生。你今天看上去特别大。”你对它说。

然后，在起居室里，想象有一根面包正无所事事地“瘫坐”在沙发上。

“面包小姐，你真是我眼中的痛（pain）。难道除了瘫在那里你就没有更好的事情可做了吗？”（pain 在法语中的意思是“面包”，这是个老掉牙的笑话！）

穿过起居室，进入厨房。当你打开门时，一盒鸡蛋从门上砸到你的头上，你弟弟正冲着你哈哈大笑，这是他给你设的圈套。你自己决定想对他说什么吧。

现在你明白了吗？画面越生动、越离谱，效果就越好！你可以用一座记忆宫殿来记忆首字母是 a 的西班牙语单词，用另一座宫殿来记忆首字母是 b 的单词，以此类推。你还可以利用几个关键词，再使用一座记忆宫殿来记住你要发表的演讲的主要内容。你可以使用记忆宫殿来记住长串的数字，或者是纸牌游戏中已经出现过什么牌。

你家中的布局可以被当成一本头脑记事本。

你能建造出数量庞大的记忆宫殿——你可以使用你所在的城镇或国家的地图、你们学校的布局、你最喜欢的步行路径或者是你最喜欢的视频游戏中的场景。记忆宫殿技巧是增强记忆的最好方法之一。记忆宫殿的另一个好处是，当你感到无聊的时候，比如说，当你在等候老师时，你可以重游记忆宫殿的某个部分来帮助加强它。记住，你可以走不同的路径去参观你的宫殿，在访问记忆清单时，你甚至可以把顺序颠倒过来。

它为什么有效

这一古老的技巧之所以能奏效，是因为你的大脑非常善于记忆地点和方向。这些都属于你长时记忆中的“图像”部分，科学家称之为“视空间”(visuospatial) 记忆，而且它的规模超级大！有些人需要比其他人进行稍许更多的练习才能利用这些能力，但这些能力的确存在。

我们记忆的这一部分善于记住地点和方向，远远超出了记住随机事实的能力。想想看一个石器时代的人，他需要记住周围的行走路线，对他来说，这比命名岩石要重要得多。“那种岩石叫作石英？这关我什么事？我的洞穴在哪里？”

你上一次记不起上学的路怎么走是在什么时候？你上一次忘记家中的起居室在哪里是在什么时候？我猜这些信息是很难忘记

的。当你试图记住随机事物时，你需要把它们与你熟悉的事物联系起来，比如说你家中的路线。这样，要回忆它们就会变得容易许多。正如尼尔森所说的，在你把随机事物放在记忆宫殿里的同时，你也必须对它们很专注。一开始这会比较难，但是你很快就会习惯了。

更多的记忆策略

还有其他方法可以让困难的信息更容易被记住：

- 把你想记住的信息**编成歌曲**。有时候别人已经为你做了这件事情。例如，如果你用谷歌搜索“活性顺序歌曲”，你会发现有很多现成的歌曲在那里。(但是别在考试时大声唱！)
- 为你想记住的信息**创造隐喻**。你知道我们喜欢这么做。在你想记住的对象或知识和你已经知道的事物之间寻找相似性。你可以试着把它画下来。下面的图片显示了苯的化学键就像猴子的手和尾巴相互勾连。
- **做好笔记**。我们稍后会详细讨论这一点，但是要用手写（而非打字）记录你想学习的材料才能帮助你记住信息。

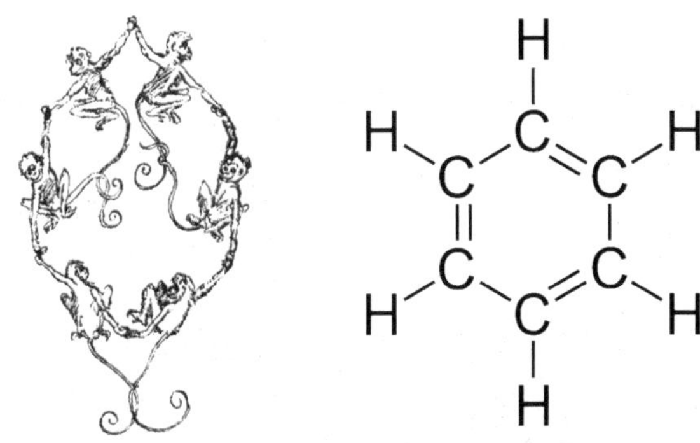

苯的化学键就像猴子的手和尾巴相互勾连。

- **想象你就是你试图记住并理解的对象或知识。**当一颗恒星是什么感觉？大陆呢？冰川呢？或者是一棵生长在阳光下的树呢？这听起来或许很愚蠢，但是很管用！你可以就蚂蚁的生命周期进行创造性写作，或者是关于任何你正在学习的东西。
- 有些人发现**把数字与人们熟知的形状或字符联系起来**可以使数字显得更加友好而真实。例如，数字“2”的形状像只天鹅，而“5”的弯曲形状则像一条小蛇。将个性赋予数字会使你更容易创造故事，帮助自己记住那些数字。于是，“52”变得更容易记住了，因为它就像一条蛇在对着天鹅发出嘶嘶声。
- **把信息传授给其他人。**让你的妈妈、爸爸或朋友坐下来听你解释长时记忆和工作记忆。一开始，如果需要的话，可以参考你的笔记。然后试着不去看笔记。回忆练习是将信息存入大脑的最好方法之一，而向别人进行解释则是回忆练习的最好方法之一。

- 别忘了**睡眠**对于锚定你正在学习的新知识有多么重要！

我们在本章中的很多建议都要求你发挥创造力。你们中的一些人可能会说："但我不是一个有创造力的人！"也许现在还不是，但是就跟任何事情一样，随着你不断练习，你会变得越来越好。青少年总是富有创造力的。有时候他们忘记了该如何创造，但他们总能够重新启动他们的创造力！

学习窍门：橡皮鸭方法

有一种很好的学习方法，就是向一个物体解释你正在学习的东西。例如，橡皮鸭子就是一名很好的倾听者。向小鸭子或者任何你选择的对象解释你正在学习的知识。这可以帮助你理解困难而复杂的知识。橡皮鸭技巧非常有效，以至于计算机程序员也在使用它。他们会逐行向橡皮鸭解释他们的代码应该做些什么。这样，他们就能发现代码中的问题所在。[4]

圆满完成记忆

现在你可能已经对尼尔森在成长为记忆大师的过程中使用的一些技巧有了很好的了解。

那么，尼尔森有没有成为美国记忆冠军呢？

是的！他不仅赢了，而且已经是第四次赢了！尼尔森说：

他们肯定记得比我更快、更好，但是在最后一轮比赛（记忆两副纸牌）中，我采取了慢而稳的策略，确保我完全记住了 104 张牌的顺序。最后，我超过了他们。他们犯了错误，而我又赢了。[5]

我们在这一章中学到了一些宝贵的技巧，可以帮助你将信息传递到长时记忆中。

但是你如何才能成为某方面的专家呢？

在下一章，我的小女儿将让你了解如何成为专家，或是成不了专家。你将看到，她在开车时遇到了一点小问题。

现在你来试试！你的第一份记忆清单

尼尔森·德里斯提供了五个窍门，用来将信息储存在记忆中。你能创造出一个记忆宫殿，将尼尔森的这些窍门储存在你的长时记忆中吗？想想尼尔森的清单，然后把这本书合上，看看你是否能回忆起来。

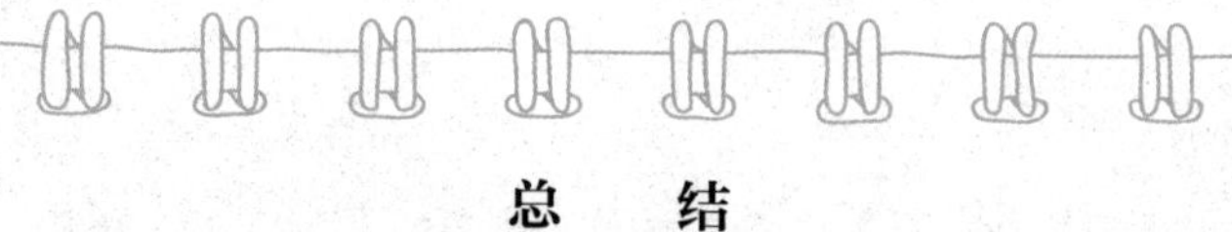

总　结

- 信息以两种类型储存在记忆中——**事实和图像**。图像更容易被记住。
- 尼尔森·德里斯的五个记忆技巧是：

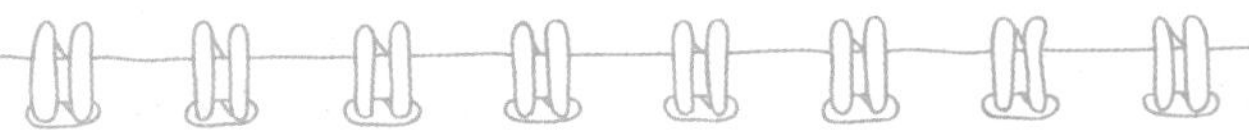

（1）**专注**于你想要记住的东西。

（2）**练习**记忆。

（3）把你想记住的东西变成一幅**图像**。

（4）在**储存**图像时，把图像与你已经知道的东西联系起来。

（5）使用**主动回忆**，让知识被牢牢记住。

- **记忆宫殿非常有用**，因为它们利用了你惊人的视空间能力。练习使用你的记忆，记忆会变得越来越容易。
- 另外五种帮助你记忆的方法是：

（1）使用**歌曲**。

（2）创造**隐喻**。

（3）**做好笔记**，最好是用手写。

（4）**想象**你就是自己正试图理解和记住的那个东西。

（5）**分享你的知识**，把它们教给别人。

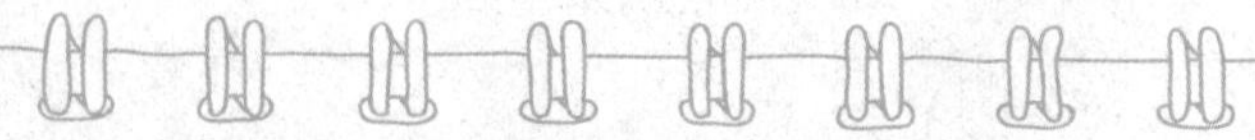

测试你的理解程度

1. 即使记忆力一直都很不好，你也可以培养出良好的记忆力吗？如果是的，该怎么做？

2. 解释记忆宫殿技巧。

3. 解释我们将信息储存在长时记忆中的两种方式之间的差别。

4. 把事实变成图像会使事实更容易被记住。关于图像，你能做些什么让它被记得更牢？举一个例子。

（做完这些题目后，你可以把自己的答案和书后的答案进行比较。）

你已经对下一章进行过图文漫步了吗？回答过章节末尾的一些问题了吗？已经准备好笔记本了吗？ ❑

9 为什么大脑链接很重要（以及如何不将汽车倒进沟里）

这是我女儿蕾切尔。看到她的表情有多困惑了吗？她正在学习倒车。倒车非常困难！至少，一开始是很难的。你是应该看后视镜，还是应该看后面，还是应该看前面？你要考虑的事情太多了！要往对的方向开，你就必须往相反的方向打方向盘。

这是我的小女儿蕾切尔第一次学倒车时的模样。她非常困惑！

我为什么要跟你说这些？因为在这一章里，我们要向你证明，培养坚固的大脑链接比你想象得还要重要！[1] 为什么？因为大脑链接能帮助你迅速应对复杂的信息。

我们想知道蕾切尔和汽车究竟发生了什么事！

先提示你一下，大脑链接组是由树突棘－突触与轴突连接形成的。当你很好地学会了一个概念或知识时，大脑链接组就会在你的长时“储物柜”记忆中形成。一组强大的大脑链接能让你的注意力章鱼轻松地用电子加以锁定，进而连接到你的工作记忆中。

你的注意力章鱼可以轻松锁定强大的大脑链接组。

当你第一次尝试解决问题时，你的工作记忆会很忙。注意力章鱼的所有四根“触手”都在忙着处理信息，它们在努力把这些知识拼凑在一起，让这些知识相互联系，从而显得合理。

你的工作记忆正在努力创造一组新的大脑链接。

这一创造工作是分阶段进行的。首先，你的工作记忆理解了一个新概念。然后你练习使用这个新概念。过了一段时间，对新概念的应用就显得自然而轻松了，那是因为你已经创造了一组大脑链接，你已经在你的长时记忆中建立了一套新的、联系紧密的模式。你的树突棘和突触已经连接成功，友好的神经元彼此间沟通顺畅。

你的注意力章鱼很容易和一组大脑链接紧密连接起来。[2] 它在这么做时，会从你的书包里伸出一根触手，这根触手穿过你的大脑通道，一直伸进你的长时记忆储物柜中。在那里，它会向它需要的大脑链接组发出一个电击。嚓！——一个连接就形成了。刹那间，你的章鱼已经将这组大脑链接连接到了你的前额叶皮质，也就是你的工作记忆区。章鱼用这种方式让储存在储物柜中的信息得以进入你的书包。现在你可以使用这些信息了。多容易！

由于信息被完美地连接在一起，所以你的章鱼可以“拉动”一个充满信息的大脑链接，而且可以只用一根触手拉动它。

你的注意力章鱼可以轻松地拉起一个你通过大量练习建立起来的大脑链接组。

这时工作记忆的另外三根触手是空着的，于是你就可以用这三根触手来思考或者做其他事情。例如，你可以用这些空着的触手来抓住其他的大脑链接组，这样一来你就可以关联复杂的思想或行动了。

你的章鱼只能拉动四组大脑链接，但这些大脑链接可以和其他大脑链接组相连接，所以它可以拉动八组、十组或五十组大脑链接！这就是为什么专家能够处理大量信息并回答复杂的问题，哪怕他们的工作记忆中可能只有四根“槽”。

如果你没有大脑链接组来帮助你完成工作，你的工作记忆（章鱼）就必须疯狂地工作。

当你拥有大脑链接组时，它可以安然地待在你的长时记忆储物柜中，而你的章鱼则可以放松下来，或者去做其他事情。

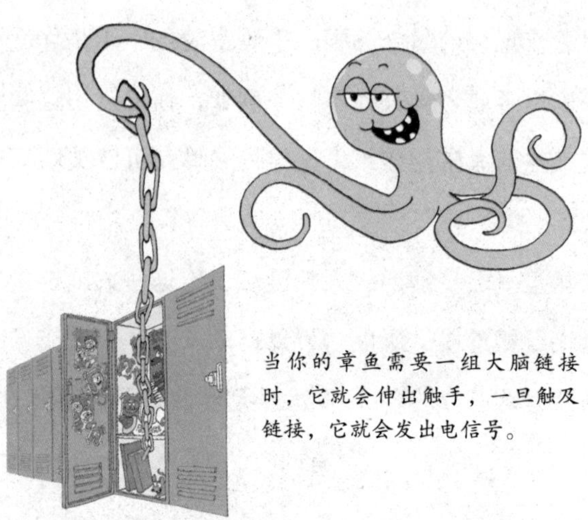

当你的章鱼需要一组大脑链接时，它就会伸出触手，一旦触及链接，它就会发出电信号。

通过练习，你可以将链接串在一起，形成更长的大脑链接组。

在历史、舞蹈、国际象棋、开飞机、数学或科学等领域的专家都有一个共同点，即他们都拥有很多完善的大脑链接。这些链接长短不一，但是其连接方式完善而牢固，而且这些链接组很容易与其他链接组相连接。专家可以迅速将大量相互关联的信息拖到他们的注意力章鱼的触手中！

专家拥有许许多多的大脑链接组。

但是仅仅理解一个概念并不能产生一个大脑链接组。要创造出一个大脑链接组，你必须对这个新概念进行练习。理解与练习相辅相成。你练习得越多，就越能理解你所学习的东西。[3]

我还要指出，虽然理解很重要，但是人们也可能过于强调理解了。[4]国际象棋大师、急诊室医生、战斗机飞行员，以及其他许多领域的专家都经常关闭有意识的思考，而去依靠其发达的大脑链接库。[5]在某些时刻，刻意地去“理解”为什么你要做什么事情，只会让你放慢速度，中断思维流，导致较为糟糕的决策或增加解决问题的难度。

当你还没有为一个概念建立起牢固的链接时，就试着从许多不同的角度去理解它，这可能会让你更加困惑。在数学领域尤其如此。利用 Smartick 和 Kumon 这样的应用程序做一些额外的数学练习，可以帮助你建立更强大的大脑链接，从而增强深层次的理解。此类程序经过精心设计，让你先逐步掌握每一个知识点，然后再向前冲刺。这种方法叫作“掌握学习法”，这是一种很好的学习方法。[6]

现在回去看看我的女儿蕾切尔。在本章的开头，她正在学习如何倒车。这让她紧张得不得了！她认为她永远也学不会了。但是她一遍又一遍地练习，每次犯错误时都会得到足够的反馈。最后，她建立起了一个完善的“倒车”大脑链接组。她的大脑轨迹变得深刻而丰富。通过在很多不同的地方无数次练习倒车，她建立起了链接。现在她已经能轻松倒车了。她的“倒车”大脑链接，连同她的许多其他驾驶链接，使她成为一名熟练的司机。

当蕾切尔第一次尝试倒车时，她必须特别集中注意力。她的注意力章鱼在全力以赴地工作，它的所有触手都被用来处理不同的倒车步骤，没有任何空余的触手可以去抓住任何其他的信息。

但是现在，她已经创建了一组链接，她只需要想一下：“我要倒车了。”她的注意力章鱼就会把触手伸向她的长时记忆储物柜。一旦它抓住了“倒车”大脑链接，就会发出一个小小的电击，就这样，当初很困难的事情现在变得很容易了！

现在蕾切尔能轻松地倒车了。瞧她多开心呀！

蕾切尔的熟练技术使她在倒车时能为工作记忆空出三根触手来做其他事情，比如听音乐，或是确保她的安全带已经系好了。

蕾切尔现在对倒车是如此擅长，以至于大部分时间她几乎都是在僵尸模式下倒车的。

只要没有什么不寻常的事情发生……

信息过载

但是，如果在她倒车时有人想占她的停车位呢？突然间，她需要摆脱僵尸模式，以一种新的方式考虑当前的情况。为此，她需要用到所有的章鱼触手。她必须停止思考其他事情，否则，她将无法掌握所有情况。她可能会撞车！

如果你的工作记忆有太多的事情要处理，你就很难把事情想清楚。你会被弄糊涂。（心理学家会谈论认知负荷。[7]认知负荷指工作记忆中正在被使用的认知资源的量。如果你的工作记忆已经很忙碌了，再要把更多的东西放进去就会更加困难。）

在你学习任何新事物时，你的工作记忆一次只能记住有限的信息。因此，建立强大、熟练的大脑链接组是非常重要的。

记忆是由这个组成的（除非你分心了！）

总结起来，你的注意力章鱼有两个古怪的特点。首先，只有当你集中注意力时，它才会醒来并开始工作；其次，它的触手数量有限。

分心会使章鱼的工作变得困难，这就好像把它的一根触手放进了绷带里。

比如说，电视机正开着，它发出的声音吸引了你的一些注意力。这会占据章鱼的一根触手，即使你觉得自己并没有在听它。

如果在你学习时有让你分心的事情发生，这就好像剥夺了注意力章鱼的一根触手。

如果你分心了，你的工作记忆就无法很好地工作。[8] 你的章鱼用来抓东西的触手会减少。（想象一下，你试着用一只手去剥橘子，而不是两只手。）

此外，如果你转移注意力，这对你的章鱼来说是很辛苦的。因为它必须放下旧的信息，去抓起新的信息。

假设你正在做家庭作业，这时你的朋友走进来，跟你谈论午餐。于是你的章鱼不得不放开一些家庭作业大脑链接，以便抓住你朋友说的话；而当你的朋友离开后，它又必须把所有东西都搬回来。哇噢！这太辛苦了。

所以，当你正在专注学习时，要避免“任务切换”和干扰。

如果你运气足够好（也可以说是不走运），拥有一部智能手机。当你和朋友或家人在一起的时候，你会去看手机吗？一旦你把注意力转移到智能手机上，你就会不再关注自己身边的人。要重新加入谈话中，需要花上一段时间。我敢打赌你自己有时候也会注意到这一点。

每当你转移注意力时，你的注意力章鱼都得在不同的大脑链接组之间飞快地来回挥舞触手。真累人！

学习也是一样。如果你正在做一道困难的家庭作业题，而你在解题中途停下来看手机，这就像你扔掉了所有的大脑链接。当你重新开始做题时，你必须把这些链接重新拾起来。你可怜的注意力章鱼发现这么做很辛苦。

掌握知识带来快乐

当你第一次学习某样新东西时，在你开始建立大脑链接之前，它往往显得很困难，令人不快。

就以我们学骑自行车为例吧。起初，要保持不倒是很困难的。你会摔倒在地上，有时会很痛。一旦你能够保持不倒了，你就必须学会刹车不要太用力，以及如何转弯而不摔倒。

可一旦你克服了最初比较困难的学习阶段，那么你就可以跳上自行车便骑起来了。这时你就成了专家。太棒了！

这就给我们带来了一个重要的启示。有时你不喜欢做某件事情，那只是因为你还没有掌握它，你还处在“我该如何平衡自行车”的早期阶段。在这个时候，一切都可能显得很困难。

只管去做！最初的几步往往是最困难的。享受这个过程，等待结果的到来。[9]

主要内容

我们来回顾一下这一章的主要内容。

创建大脑链接组有助于你进行复杂的思维，让你能够轻松地调取很多相互关联的信息。如果没有大脑链接组，你的大脑会感到应接不暇，就像蕾切尔第一次试着倒车一样。

当你试着学习一样新东西时，你还没有创建好大脑链接。你的注意力章鱼必须调动所有的触手。它必须很努力地工作！

当你还没有将材料联系起来时，你会感到困惑，觉得自己就是无法掌握它。当然，事实完全不是这样。你只需要从建立一些小的大脑链接组开始，通过练习，小的大脑链接组会变长，届时你的章鱼可以一下子把它们拉起来，轻松地运用它们。

学习新事物的最初步骤往往是最难的。建立一个大脑链接组库，你就可以成为一名专家。

在下一章，你将进一步了解特里·谢诺夫斯基。他是一位神经科学专家，但是，你会发现他并非天生就是那样的专家！

暂停并回忆

这一章的主要内容是什么？你能在自己的脑海中用一些形象（例如章鱼）来描绘这些内容吗？在你这么做的时候，合上这本书，不要看它。如果你觉得有困难，那就试着把这些内容写下来。

完成后在这个方框里打个钩：❑

现在你来试试！抛开你的智能手机

如果你有一部智能手机，那么下一次做家庭作业时，把它放在别处。你要做出保证，在完成你的波莫多罗前不去碰它。不然，当你遇到难题时，你可能会忍不住去偷偷看一眼，而这只会让你更难把心思收回来。

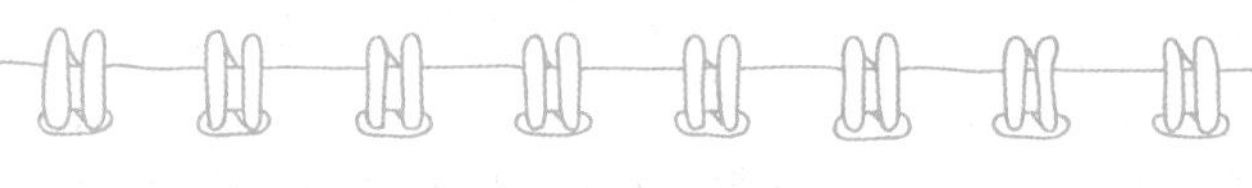

总　结

- **大脑链接组是你长时“储物柜”记忆中连接神经元的通路，它是通过练习建立起来的。大脑链接组能帮助你的工作记忆更快地处理信息。**你的注意力章鱼很容易抓住这样的大脑链接。
- 如果你的章鱼必须不断将注意力从一组大脑链接切换到完全不同的另一组，那么它就会感到疲劳。**所以要尽量避免分心和任务切换。**

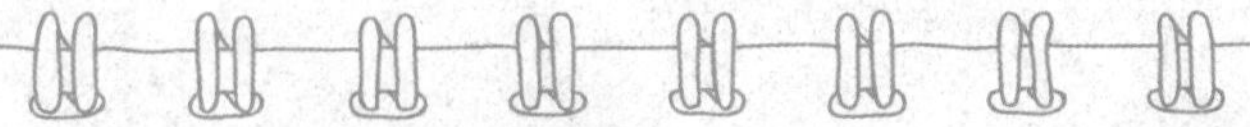

- 如果没有大脑链接组，当我们试图把太多东西放进大脑书包时，就会感到困惑。**我们都有一个最大认知负荷**。在我们的工作记忆中，我们一次可以处理的事物是有限的。
- **学习新事物的最初几步往往是最艰难的**。要有耐心，持续努力。等到一个大脑链接组开始形成，你“领会”了该如何去做某件事时，一个快乐的开关就会启动。

测试你的理解程度

1. 为什么大脑链接很重要？

2. 你的注意力章鱼有什么作用？

3. 关于“已链接好”的理念，一个好例子就是系鞋带。当你刚开始学习系鞋带时，你必须全神贯注；但现在你可以很轻松地系好鞋带，一边还可以和别人谈话、看电视或唱歌。说出另一个你已经建立好链接的活动或概念。

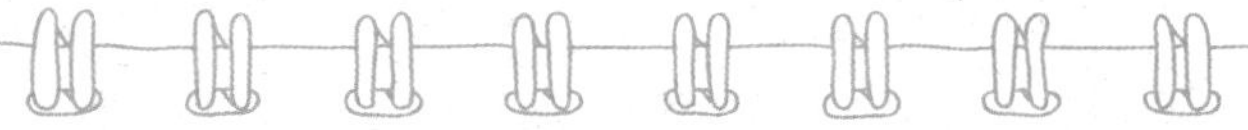

4. 如果你工作时让电视机开着，你的注意力章鱼会怎么样？

5. 为什么要避免“任务切换”？

6. 当你做家庭作业时，应该如何处理你的电话？为什么？

7. 理解一个概念会创建一组大脑链接吗？

8. 你怎样才能成为某个领域的专家？

9. 如果你想从一座着火的建筑物里获救，你会选择一个仅仅是观看过人们从着火的建筑物中获救的消防员吗？还是说你愿意选择一个曾经亲身从着火的建筑物里救人的消防员？为什么？

（做完这些题目后，你可以把自己的答案和书后的答案进行比较。）

你已经对下一章进行过图文漫步了吗？已经准备好笔记本了吗？ ❑

10 在俱乐部和兴趣小组中学习，找到你的使命，以及特里差点儿烧毁学校的经历

你好，我叫特里·谢诺夫斯基。很高兴认识你！

我的童年不同于芭布和阿尔。我在小学就是“科学痴”，但我对语言一窍不通。我的地下室里有一个化学实验室。我喜欢制造亮光、爆炸和一团团的烟雾。七岁时，我制作了一座纸火山，它触发了烟雾警报器，害得学校里的所有人都必须疏散。人人都记得那天我差点把学校给烧了！

麻烦制造者特里

在中学里，我在科学课上感到很无聊。这些对我来说太简单了，因为我已经领先了。我问了很多问题，但是人家说我在扰乱课堂，说我是一名“麻烦制造者”。（记住，感到无聊并不一定意味着学习对你来说太简单了，这也可能意味着你不够好奇！）

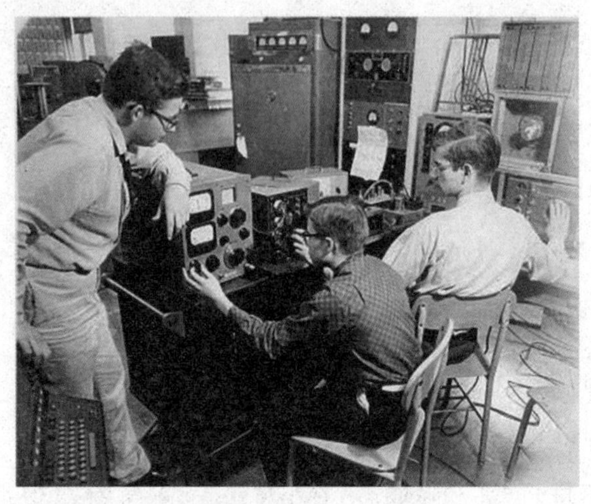

我和俱乐部的同伴们正准备把无线电信号从月球上反射回来，这里是克利夫兰圣约瑟夫高中的无线电俱乐部。我是中间的那个男孩。

是无线电俱乐部拯救了我。我们是一群科学爱好者，经常在放学后聚在一起研究和制造无线电设备。我们练习用莫尔斯电码发送信号。我们甚至用自己制造的天线把无线电信号从月球上反射回来。终于，我可以尽情问任何我想问的问题了！

要在学校里获得令人满意的体验，最好的方法之一就是加入你们学校的俱乐部和兴趣组，从事你喜爱的活动。（如果你接受的是家庭学校教育，你通常可以找到各种办法加入校外的，或者甚至是与当地学校有联系的俱乐部和兴趣组。）如果学校里没有你想加入的俱乐部，你不妨大胆地去要求成立一个新俱乐部（比如“学习如何学习俱乐部”）。找到志同道合的朋友是培养真正的友谊以及让你的创造力开花结果的绝佳途径。

我和俱乐部成员正在调整中学校舍屋顶上的无线电天线。（我是最左边的那个。）

你的使命是什么

有一天，无线电俱乐部的指导老师问了我一个问题："你的使命是什么？"

我回答不出来，但这让我开始思考未来。我需要成长起来，并且为自己的人生寻找一份事业。我对重力和大脑最感兴趣。重力是如何传播的？为什么我的大脑能很快学会某些东西（比如物理），而不是另一些东西（比如语言）？

如果当时我拥有现在我所知道的关于大脑和如何学习的知识就好了，那样我就会在语言学习方面做得更好，就跟芭布和阿尔一样。我曾上过德语课，但是直到后来我交了个德国女友，我才学会足够多的德语，至少能过得去。也许在高中时我只是缺乏动力罢了。

我在普林斯顿的收获

我很幸运，我的科学事业发展顺利。我从著名教授卡尔·安德森（Carl Anderson）那里得到了一些明智的建议。和圣地亚哥·拉蒙－卡哈尔一样，卡尔·安德森也获得过诺贝尔奖。（他发现了正电子[一]。）安德森教授问我是想搞理论研究还是想搞实验研究。我问："为什么不能两者兼顾？"他说这并非不可能，并以加州理工学院的一个人为例，这个人我后来也认识了。

从你尊敬的人那里获得建议可能对你的人生产生很大的影响。

我在普林斯顿大学的研究生院学到了很多物理学知识。[二]我在黑洞和重力方面做出了很多令人兴奋的发现。我很幸运拥有优秀的导师和聪明的朋友。**与他人合作解决难题真的大有裨益。找到能让你发光的人。和那些拥有杰出想法的人打交道可以激发你自己想出好点子！**

我抵达了一个转折点。我已经回答了自己关于物理和重力的问题，但我对大脑的了解还不多。纽约洋基棒球队的哲学家接球手约吉·贝拉说过一句很有智慧的话："当你走到岔路口时，就转弯。"于是我走上了通向生物学的道路。

㊀ 正电子（positron）就像是阳性的电子。

㊁ 研究生院是大学研究系统的较高级部分。通常在大学的前三到五年的学习可以让你获得"本科"学位。之后，一些人会留在大学里，在研究生院进行更高级的"研究生"学习。

这是我在普林斯顿。黑洞、大脑和其他兴趣在竞相获得我的关注，最后大脑赢了。

投入大脑研究

大脑的奥秘就和外太空一样复杂。与芭布和阿尔一样，我必须从基础开始学起。一开始很艰难，因为其他同学已经懂得很多了。但是我发现我在物理学上获得的训练能帮助我以别人做不到的方式思考生物学。各个学科之间能以你意想不到的方式联系在一起，这真是太神奇了！

我曾经在书本中读到过神经元。然而，直到参加了马萨诸塞州伍兹霍尔的一个暑期班后，它们对我来说才变得真实起来。在那里，我在显微镜下看到了它们。这里有重要的一课。只有当你运用信息去做某事时，学习才会获得活力。让它活跃起来，不要只是读它。我记录了来自众多不同类型神经元的电子信号。我在中学无线电俱乐部中学到的无线电信号知识真的很有用。（你永远也不会知道你的知识何时会派上用场。）

人工大脑

在工作中，我利用自己的物理学和生物学知识来比较大脑和电脑。在某些方面，它们很相似，但在其他方面，则非常不同。计算机在计算速度方面匪夷所思，它们能以让人难以置信的闪电般的速度做一件事情。

今天我在加利福尼亚州拉贺亚市的索尔克研究所。索尔克研究所是世界上最优秀的神经科学和医学研究机构之一。

大脑则不一样。它们的速度要慢得多，而且会同时做很多小事情。它们就像一个由数十亿台微型计算机组成的工作团队。每个神经元都是一台很小的“计算机”。正如你从前面的章节中了解到的，每个神经元计算机都是通过突触与其他微型计算机相连接的。这种团队合作让大脑可以去做对计算机而言很困难的事情，比如看和听。

有一件事情让我们所有人都知道人类的大脑是多么神奇。通过与其他人密切合作，并且花大量时间思考大脑是如何工作的，我已经找到了制造“人工大脑”方法。它们是电子大脑，而不是你脑袋里的那种大脑。这些计算机会像大脑一样学习，而且必须像你一样去上学（有点类似于上学）。它们拥有一种新的人工智能（AI），从不会感到疲劳或厌烦。我希望你能在不久的将来听到更多关于人工智能的信息。科幻小说里的情节正在成为现实！

神经科学家在过去的 30 年中取得了惊人的进步。我们过去几乎完全不知道大脑是如何运作的，现在我们知道了很多，包括许多关于大脑是如何学习的知识。例如，我们知道练习和睡眠对增强记忆力的重要影响。我已经让练习成为我日常生活的重要组成部分。我知道它能帮助我更好地思考和学习。在下一章，你将学到更多关于练习的知识。

学习快乐！

暂停并回忆

这一章的主要内容是什么？你会发现，如果你把这些理念与自己的人生和职业目标联系起来，就更容易将它们回忆起来。这么做的时候合上这本书，不要看它。

完成后在这个方框里打个钩：❑

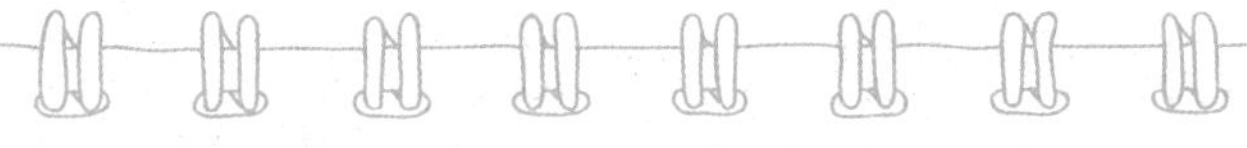

总　结

- **在学校里找到一些真正让你感兴趣的东西。**找到你自己的“无线电俱乐部”。
- **不要害怕提要求。**如果你的学校里没有让你感兴趣的活动，就让他们成立新的俱乐部。你也可以在学校的帮助下自己创办一个俱乐部。
- **乐于和别人合作。**跟有创造力的人在一起，看看你会开始萌发多少新的想法。
- **尽可能让你的学习活跃起来。**在阅读的同时，把你从书本中学到的东西付诸实践。
- **你的大脑非常神奇！**这就好像有几十亿台微型计算机在共同为你工作。
- **学习一个领域的知识可以让你在其他领域产生更多的想法。**各个学科是相互联系的。物理学可能有助于生物学，它甚至可能有助于艺术、体育，或者是交朋友！

你已经对下一章进行过图文漫步了吗？回答过章节末尾的一些问题了吗？已经准备好笔记本了吗？❑

如何鼓励你的大脑

2015 年，尤利乌斯·耶格（Julius Yego）成为世界标枪冠军。他将标枪掷出了 92.72 米的距离。他扔得太猛，以至于摔倒了！不过，他很快就爬起来庆祝胜利了。

尤利乌斯有着一段不同寻常的经历。他出生在肯尼亚的一个贫穷地区，那里被称为东非大裂谷。当他开始对标枪感兴趣时，他必须自己用树枝制作标枪。在肯尼亚，最流行的运动是跑步。那里没有像样的标枪，在整个国家都没有标枪教练，而且尤利乌斯甚至没有合适的鞋子，但是他非常坚定。一年年过去了，尤利乌斯越来越出色，直到成为世界冠军。这样一个没有教练、几乎得不到任何支持的人是如何打败世界各国那些在体育上投入大笔资金的运动员的？我很快就会告诉你答案。

当然了，尤利乌斯的成功部分是因为他勤奋训练。这就是本章要谈的内容。那么运动与学习有什么关系？事实证明，关系很大，而且这不仅仅适用于学习投掷标枪。

尤利乌斯·耶格成为世界标枪冠军。他是通过一种极其不寻常的方式学会投掷标枪的。

运动能够鼓励你的大脑！

你的大脑中有一个区域对于记忆事实和事件尤为重要，那就是海马体。㊀你可以在下图中看到海马体的模样。

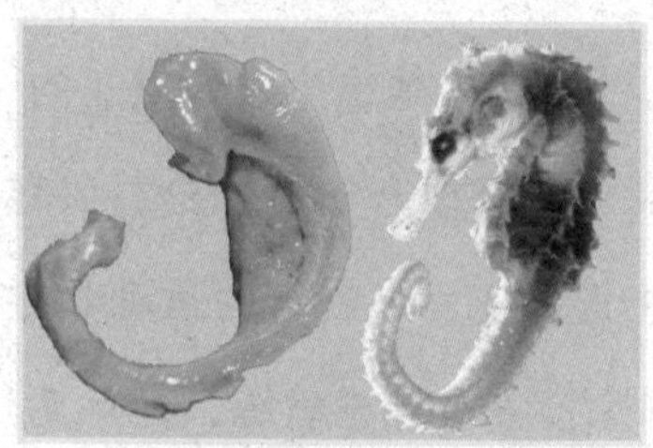

Hippocampus（海马体，左图）在希腊语中意为“海马”（右图）。你看出它们之间的相似之处了吗？

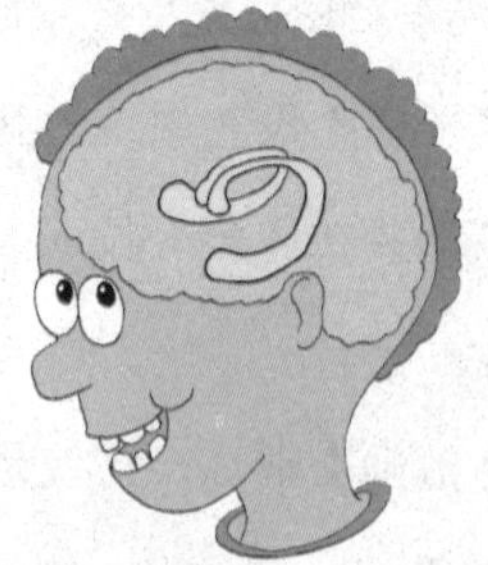

如果你将海马体上下颠倒过来，那就是它在大脑中的姿态。严格说来，大脑中有两个海马体，一个在左侧，另一个在右侧。

㊀ 我们忍不住要说个笑话。海马体在退休演讲中说了什么？——“谢谢大家的回忆。”

有趣的是，在睡眠中，你所学到的信息会从海马体的神经元传递到大脑皮质的神经元中。大脑皮质是大脑的外层，它是你长时记忆（储物柜）的大本营。因此，**睡眠不仅有助于建立新的突触连接，它还可以清空海马体，为新的学习腾出空间。**

一些人很不幸，他们因为海马体受损而患有健忘症——几分钟之后，他们就想不起来发生在他们身上的任何事情了。有趣的是，他们仍然记得在受伤之前所学到的东西。也就是说，他们仍然拥有睡眠在大脑皮质中巩固下来的早期记忆。

所有这些都意味着海马体是记忆的关键。每天都有新的神经元在海马体内诞生。这就像中学篮球队一样。每年都会有新球员进来，也会有老球员离开。新队员通常都在忙着学习新技术。

如果你没有学到任何新东西，那么你的海马体中的新神经元在它们出生后不久就会消失。（与此类似，新的篮球队员如果不去学习新技术，那就很容易从球队中消失。）但是，如果你有新的学习经验，那么新神经元就会继续存在，使你能够记住。来自海马体中新、老神经元的新突触形成了新的大脑链接组。当你睡觉时，海马体中的这些新大脑链接会使大脑皮质长时记忆中的大脑链接变得更强。[㊀]

二十多年前，我的合著者特里帮助做出了一个关于新神经元的惊人发现。[1] 运动能促进新生神经元生长。

当你在运动时，你的大脑会产生一种叫作 BDNF 的化学物

㊀ 准确地说，信息从海马体进入大脑皮质这一巩固过程被称为“记忆巩固”。

质。[2]那是“大脑绝对需要食物！”（Brains Definitely Need Food！）的首字母缩写！（这一全称其实是我的另一位合著者阿尔编造的，它或许能帮你记住这个缩写。“BDNF”实际上是“脑源性神经营养因子”（brain-derived neurotrophic factor）的首字母缩写，但是这个就没那么容易记住了。）

脑源性神经营养因子能使你的新神经元强壮健康。[3]它能保护它们不受损伤，使它们更容易与其他神经元相连接。同时，它也像是突触和树突棘的食物，能使它们长大。在下面的图片中，你可以看到树突棘是如何长大的。

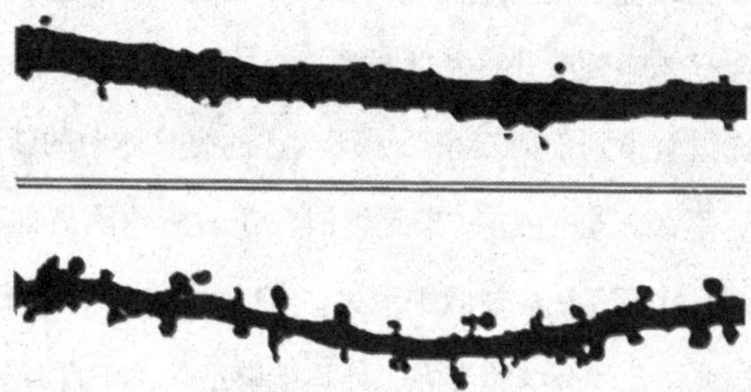

上图中是海马体中一个尚未接触到脑源性神经营养因子的树突。请注意，它上面几乎没有形成任何树突棘（“脚趾”）。下图中显示，加入脑源性神经营养因子后发生了什么。哇噢！树突棘长得又高又粗！这些树突棘使通过突触连接到其他神经元变得很容易。如果你经常运动，你的神经元看起来会更像下图中的版本，能够与其他众多的神经元进行连接和聊天！

就像肥料能帮助植物生长一样，脑源性神经营养因子也能帮助神经元生长。额外的脑源性神经营养因子是通过运动产生的。

所以，当你在运动的时候，你是在养护你的大脑，当然也是在养护你的身体！

食物也能喂饱你的大脑！

你可能想知道你吃的东西是否会影响到你的学习。答案是：是的，的确会！事实上，如果你坚持运动并且保持健康的饮食，那么这对你的学习和记忆能力都会产生巨大的影响，比单独依靠运动和健康饮食都要大。[4]

那么健康饮食意味着什么呢？研究表明，在你的饮食中添加水果和蔬菜是个好办法。尝试多样化的饮食。**洋葱**一类的蔬菜，包括大蒜和韭菜在内，所含化学物质有助于预防从糖尿病到癌症等各种疾病。**卷心菜**等十字花科蔬菜，包括花菜、西兰花、萝卜、球芽甘蓝等，也有类似的功效。所有颜色的水果也都很棒，包括橙子、梨、蓝莓、樱桃和覆盆子等。**黑巧克力**中含有一些与水果一样的有益化学物质，以及其他的营养物质。（但是要选择低糖巧克力，并且要避免在晚上吃，因为它会干扰你的睡眠。）**坚果**也富含健康成分。每天吃一把坚果可以很好地改善你的饮食。

尽量避免吃“假食物”，它们中的大部分营养已经在加工过程中被破坏了。“假食物家族”包括炸薯条、薯片、炸鸡块等食物，以及任何含有大量糖或精麦粉的食物，如甜甜圈、某些早餐麦片，以及软饮料。甜点并不属于食物。

每个人对最健康的饮食都有不同的定义。地中海式饮食是一个很好的选择。你或许已经猜到了，这是在地中海国家，如希腊、意大利、葡萄牙和西班牙等国家发展起来的饮食。它包括很多水果、蔬菜、鱼、橄榄油和全谷物。

你可以通过很多资源进行学习！

现在继续来看尤利乌斯·耶格。他是如何不断取得进步的？他没有教练，也没有任何较富裕国家的优势，如体育科学家、心理学家和营养学家等。

这就是尤利乌斯的惊人之处。他能成为冠军是因为他在YouTube上观看了很多投掷标枪的视频，然后自己去尝试。他坐在网吧（一个他可以用来上网的地方）里，一连几个小时研究他的标枪英雄们。然后他在非洲的群山中进行大量的练习。最后，他的确获得了一位来自另一个国家的教练，但是在很长一段时间中，他的所有教练都来自互联网。后来他被称为YouTube先生！

我为什么要告诉你这个故事？哦，因为这是一个鼓舞人心的故事，而且，它也把这一章中谈到的两个重要领域结合在了一起。运动和学习。此外，我还想让你明白，你不一定需要从书本或老师那里学习，你还可以通过互联网和其他资源来自学，并且通过练习、练习、更多的练习，来获得尽可能多的反馈。

那么，尤利乌斯·耶格不仅是一名冠军运动员，而且一定也是个天才，对吗？哦，可能吧。我并不认识他本人，但是如果他只观看 YouTube 视频的话，他的大脑状态一定远没有现在好。他观看视频并且练习。他学到了新信息，并且进行练习！这也是你的目标。

我认为特里的确是个天才。我知道他把运动作为每天非常重要的一部分。他喜欢在海边慢跑。对他来说，这是一个进入发散模式的好办法。他经常在外出慢跑的时候获得最棒的想法。他运动不仅是因为他喜欢运动，而且还因为这对他的大脑有好处，此外，也因为新的想法能帮助他做好教授这份工作。

运动：有益于健康的万能工具

运动还能创造另一个奇迹，它能使你的大脑产生其他化学物质，如血清素和多巴胺。[5]这些化学物质能帮助你产生新的想法，让你看到如何将旧的想法联系起来，形成新的想法，然后你就可以用新的方式思考。所有那些四处奔跑的思维小老鼠一定会在森林里找到新的视角。

运动不仅仅对身体里的每一个器官都有好处，它还对你的大脑有好处。它能改善理解力、决策力和专注力。它有助于记住任务以及在任务之间进行切换。它还能帮助人们从精神疾病中康复。

一些精神病医生说，运动比任何药物都管用。

暂停并回忆

有时候，当你试着脱离书本去回忆关键知识点时，你会觉得脑子很不给力，或者说，你会发现自己正一遍又一遍地读同一个段落。当这种情况发生时，就活动一下身体，比如说，做几个仰卧起坐、俯卧撑、开合跳或者是侧手翻。这对你的理解及回忆能力有着惊人的积极作用。在回顾本章的内容之前，先试着活动一下身体。

现在你来试试！运动！

你还在等什么？你还在坐着读这本书吗？快出去追老鼠吧！跟僵尸摔跤，用吸尘器清理楼梯，挠章鱼痒痒，把储物柜扛起来，做任何你想做的事情，尽情享受你的发散模式！（但是记住，稍后要回来，读完这本书。）

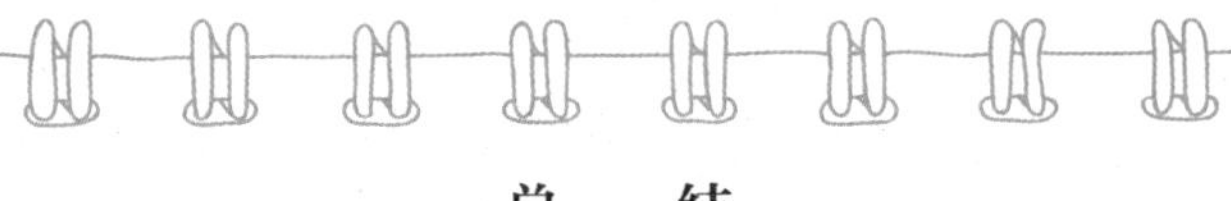

总　结

- **你可以从网上学习，也可以从老师和书本那里学习。**
- **运动对你的神经元特别有益，**尤其是对于新的神经元而言。
- 运动有助于产生一种化学物质（脑源性神经营养因子），它就像是**大脑的食物。**
- **运动所释放的化学物质能够生成新的想法。**
- **运动是一种很棒的发散性活动。**

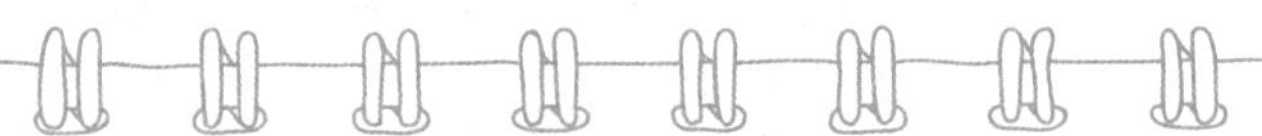

测试你的理解程度

1. 大脑的哪一部分对于记忆事实和事件特别重要？（提示：它在希腊语中的意思是“海马”，而且看起来的确很像海马。）

2. 为什么说你的大脑很像中学篮球队？

3. 当大脑中加入脑源性神经营养因子时，______会长得又高又粗。

4. 举五个例子说明运动有益于健康。

5. 健康饮食有哪些元素？

（做完这些题目后，你可以把自己的答案和书后的答案进行比较。）

你已经对下一章进行过图文漫步了吗？回答过章节末尾的一些问题了吗？已经准备好笔记本了吗？ ❑

12 建立大脑链接

如何不从漫画书中学习

小时候，我有点狡猾。

我的父母想让我学习钢琴，而我不是很喜欢弹钢琴，但我还是按照他们要求的去做了。多少算是这样吧。

每周，钢琴老师都会让我练习一首新曲子，而我也会练习已经学过的曲子，练习旧曲子更容易也更有趣！

我的父母能听到钢琴声，但他们从来不会注意我究竟在弹什么。

我会花5分钟时间练习新曲子，然后我会把一本漫画书放在面前的乐谱架上。我会一遍又一遍地将旧曲子弹上25分钟，同时在看漫画书。就这样，我一共能凑满半个小时的练习时间。

我这么做能提高弹钢琴的水平吗？还是说我只是在自欺欺人？当我的父母发现我在这么做时，他们又是怎么做的？

成为一名专家

现在我们退后一步，再去想一想大脑链接。

一组大脑链接是一道经过勤奋练习的思维轨迹。（记住，我们也可以把它们看成是森林里宽阔、平坦的老鼠通道。）任何时候，当你的注意力章鱼需要一些思维帮助时，它都可以轻松地伸出触手，连接至正确的大脑链接——前提是，你已经花时间把它们建好了。拥有很多与某个主题相关的大脑链接是成为一名专家的关键。[1]

[1] 记住，拥有大量的大脑链接并不仅仅等于记住一堆事实。关于这一点，菲尔兹奖（这是数学界的最高奖项）获得者威廉·瑟斯顿（William Thurston）有一段话说得非常好。他说："数学具有惊人的可压缩性。你可能要经过很长一段时间的努力，一步一个脚印，通过若干种途径将相同的过程或理念研究一遍。但是，一旦你真正理解它了，并且能在脑海中将它看成一个整体，那时通常就会出现高度的思维压缩。你可以把它归档，在需要的时候快速而完整地回忆起它，并且把它仅仅作为其他思考过程中的一环。与这一压缩相伴而来的洞察力是数学的真正乐趣之一。"瑟斯顿所描述的正是一个完美的、精心构建的大脑链接组的力量所在。

看到下面最上面的拼图了吗？每当你在创建一组牢固的大脑链接时，你就像在玩一个拼图游戏。当你创建了足够多的链接时，拼图就会开始变得容易，你会开始看到该主题的全貌。就算还有一些小的链接碎片尚未填进去，你也依然可以看到究竟是什么情况。这时你已经成为专家了！

可如果你不练习新形成的大脑链接，又会怎么样？看一看下一页逐渐褪色的拼图，你就会明白了。这就像在拼一幅褪色的图画，这并不容易。

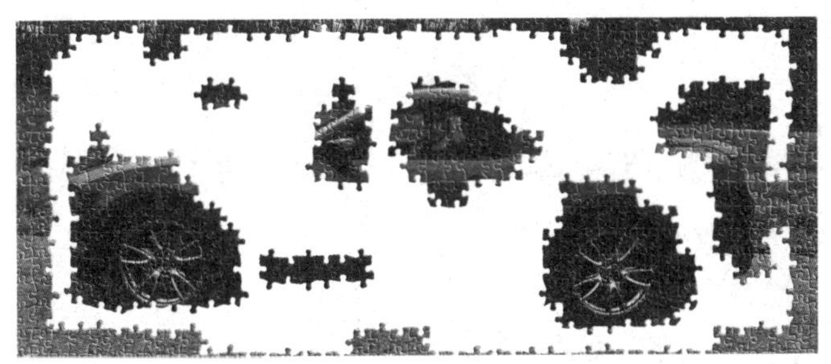

每当你在创建一组大脑链接时，你就像在玩一个拼图游戏。你创建的链接越多，你就越容易看出来每个链接与其他链接该如何拼在一起，从而创建出更大的链接组。

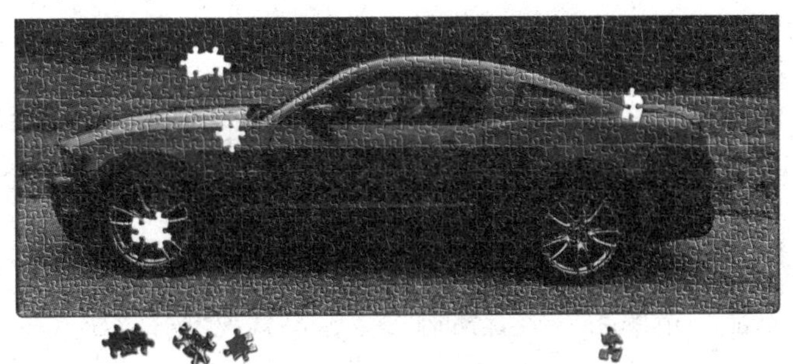

当你创建并练习了足够多的链接，你就能看到全貌了！你已经成了一名专家。

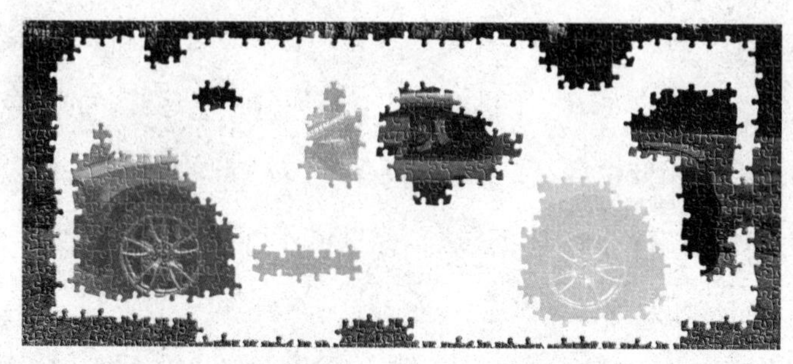

如果你不去练习你的链接，它们就会开始褪色，于是那些碎片会变得更难看清楚，整幅图也更难以拼凑起来。

建立链接的两个关键理念

现在我们遇到了一个至关重要的问题：你该如何着手建立一个大脑链接组？两个关键理念能够帮助你起步——一个与练习有关，另一个则是灵活性。

1. 刻意练习（相对于惰性学习）

当你进行了足够多的练习后，就能够建立起稳固的大脑链接了，但是你的练习方式很重要。当你为某个理念建立起很好的链接之后，练习会变得容易，感觉会很好，但是这可能会转变成“惰性学习”。惰性学习不能鼓励新的白昼“隆起”出现在你的树突上，而这些隆起可以在你睡觉时转变成牢固的新神经连接。如果你能一边练习一边看漫画书了，那就说明你该继续向前推进了。

加速学习进程的最好办法就是避免惰性学习。如果你在已经知道的材料上花费了太多时间，你就没时间去学习新材料了。

把注意力放在更难的东西上，这叫作刻意练习。[2] 刻意练习能让你更快地成为任何你正在研究的领域的专家。[3]

2. 交叉学习（或如何去教星际友人）

在你的学习中培养灵活性也是很重要的。这里有一个故事可以说明这一点。假设你结交了一个新朋友，名叫“叉叉”，他来自一颗技术很先进的外星球。你的新朋友以前从未使用过锤子或螺丝刀。

你想教叉叉如何使用锤子和螺丝刀。由于你了解认知负荷[㊀]，所以你很注意不要一下子教叉叉太多东西。

一开始，你向叉叉展示如何使用锤子。他学会了敲很多钉子。

㊀ 你还记得吗？认知负荷指工作记忆中正在被使用的认知资源的量。

经过几个小时的练习（叉叉是一位笨拙的星际朋友），他掌握了钉钉子的技巧，好的，搞定了。

接下来，你交给叉叉一颗螺丝钉。让你惊讶的是，叉叉开始试着用锤子把螺丝钉敲进木板。

这是为什么？这是因为，当叉叉使用过的唯一工具就是锤子时，那么一切在他看来就都像钉子了。叉叉正在用错误的方法解决问题，这是因为他还没有学习并练习过什么时候应该使用两种不同方法中的一种。

我们不应该只练习给定的方法或项目，这一点很重要。练习如何在各种方法和项目之间进行选择也很重要。当你在学习各种各样的知识时，你就得这么做。

练习你所要学习的技能的不同方面和技巧，这叫作交叉学习。[4]（只要记住你交的星际朋友叉叉就行了。交叉学习——记住了么？）

这里有一些图片可以帮助你更好地理解交叉学习这一理念。当你在钻研课堂上正在教的某个具有代表性的主题时，比如说“主题 7”，老师通常会布置一批与主题 7 相关的家庭作业问题。㊀这里有一个例子（问题编号指你的老师所布置的课本中的问题）。

普通作业
主题 7　问题 4
主题 7　问题 9
主题 7　问题 15
主题 7　问题 17
主题 7　问题 22

但是，当你进行交叉学习时，就会开始混入其他类型的问题，这样你就可以看到差别。注意下面阴影部分的单元格覆盖了不同主题，它们被混入主题 7 的问题之中。这样，你不仅可以熟悉主题 7，还可以了解主题 7 和主题 4、5、6 之间的差异。

㊀ 教育工作者有时将非交叉作业称为“阻断”作业，因为在阻断学习中，一个科目完全是在一个区块内完成的。

顺便说一下，交叉学习的好处在于，它能让你的注意力章鱼有意识地比较不同的方法，这有助于你开发新的“决策”链接，让你知道应该选择哪种方法。另一方面，任务切换则是不好的，因为这只是在将你的注意力章鱼从一个主题拖到另一个主题。每次你切换主题时，都会让你的章鱼去做不必要的工作。

交叉学习对教科书作者而言往往很困难，这是因为每一章的结尾自然都会需要将问题集中在那一章上。这就意味着，如何交叉学习取决于你自己，读者！

当你对不同的主题进行交叉学习时，你几乎可以感觉到你的大脑在说：等等，这是什么？我没想到要回去做其他题目！但接着你就会开始以你先前从未想象过的方式注意到主题之间的差异。

建立一个大脑链接组

现在我们终于可以讲解为不同科目建立大脑链接组的一些最佳方法了。

专注

最重要的一步是第一步：专注。记忆冠军尼尔森·德里斯告诉我们，专注对记忆来说是很重要的。但是对于你想要关联的任何信息来说，专注都具有更普遍的重要性。你必须用上章鱼的所有触手。不许看电视、玩手机。你正在形成一些新的大脑链接，所以你需要集中注意力。或许你得用上你的波莫多罗定时器。告诉自己：这很重要，我需要专注！

（嘘！如果你没有十分专注，你能建立起新的大脑链接吗？如果你要学习的材料超级容易，也许可以吧，但是你建立链接所花的时间则要多上很多。）

行动起来：积极练习！

如果你要创建的大脑链接涉及身体活动，那么你就要集中注意力，然后行动起来。例如，如果你正在学习如何投篮得分，你就得练习投中篮筐。然后你需要再做一次，或许是从另一个角度投。一次，一次，又一次。你会不断地得到反馈，因为如果你做错了，你就无法投中篮筐。同样，如果你在学习一门语言，你需要一遍又一遍地听和说单词，如果可能的话，从母语使用者那里获得反馈。如果你正在学习演奏一门乐器，你就需要练习新曲子。或者，如果你正在学习画画，你就需要尝试不同的技法。你要想方设法从老师那里得到反馈，以便纠正自己。

关键在于，无论你在学习什么，你本人都要积极地练习或实践。仅仅看着别人做，或者是看答案，或者是去读一页书，这可以让你起步，但是对你建立自己的学习神经构架并没有多大作用。还记得尤利乌斯·耶格是如何学习投掷标枪的吗？他并不仅仅是被动地观看 YouTube 视频。他专注于投掷技术，然后积极地练习它们。[5]

每天练习你的新技能，持续一段时间，确保每晚都能睡个好觉。这有助于你的新突触大脑链接形成。你必须为你的思维老鼠拓宽森林的路径——让链接变得粗壮。

你还需要“提升”你正在做的事情。在足球中，你需要学会运球、横传、传球或射门，你也需要能够抢断和踢高球。你不能仅仅是按照任何老路子踢球！所有这些技能都是独立的，但又是彼此联系的。要成为一名足球专家，每一项技能都需要在训练时单独练习，然后进行交叉练习。你的目标是让自己能够在激烈的比赛中自动做出反应。

不管你是在学习武术、舞蹈、另一门语言、编织、焊接、折纸、体操，或是吉他，万变不离其宗。用交叉学习法进行刻意练习。专注于困难的东西，并将它们混合起来练习，这样你就能成为专家。

为数学、科学和其他抽象科目提供的特别建议

假设你正在努力建立一组数学或科学方面的大脑链接，那么，看看你是否能自己解出一道题。展示你的解题过程，用笔写出答案。不要只是去看答案并且说：“当然，我早就知道了……”

你是不是必须偷看答案以获得一点帮助？如果是这样，没关系，但是你必须关注你没掌握或是不理解的东西。

接下来，看看你是否能在不看答案的情况下再做一遍这道题目，然后再做一遍，连续做上几天。

试着不要偷看答案！

一开始，这道题目可能显得很难，你似乎永远都别想解出来！但它最终会显得如此容易，以至于你都会想，我当初怎么会认为它很难？最后，你甚至都不必用笔写出答案。当你看着题目并思考它时，答案会迅速掠过你的脑海，就像是一首歌。这时你已经创建了一组很棒的大脑链接。[6]

注意这里有一点很重要。你运用了主动回忆来帮助建立大脑链接。正如我们在前面提到的，主动回忆是最强大的促进学习的技巧之一。

这里的一个关键理念是，你并不是在盲目地记忆答案，而是在研究题目，并学习如何建立自己的大脑链接。一旦牢固、完美的链接组形成了，那么在你需要的时候，它就可以很容易被调取到工作记忆中。只要对独立解决问题（不看答案！）进行足够多的

练习，那么解题时的每一步都会悄悄地告诉你下一步该怎么走。㊀

> 我十几岁时数学成绩不好的一个主要原因是，我喜欢看书后的答案。我欺骗自己说，我已经知道如何得出这些答案。天哪，我真是大错特错！现在，作为一个成年人，我必须重新学习数学，但至少现在我知道不要欺骗自己！
>
> ——理查德·赛德尔（Richard Seidel）

改善写作技能的特别建议

我们刚才所描述的提高数学和科学技能的方法和提高写作能力的方法非常相似。

著名政治家本杰明·富兰克林在十几岁时写作非常糟糕。他

㊀ 偶尔进行识记，如背诵乘法表，可能会有帮助。这是因为当你把表格嵌入大脑中时，你的大脑会自然而然地开始分析它所看到的模式和关系。嵌入过程有助于你自然而然地、更好地感受这些数字以及它们之间的关联方式。但是跟其他时候一样，在对自己学习的东西尚未理解时就进行单纯的记忆绝不是个好主意。（这就像去记忆一个你并不知道其意思的外语单词，你以后怎么可能会使用它呢？）你越多地用各种各样的问题进行练习，你对数字的感觉就会越深刻、越丰富。

决定采取措施解决这个问题。他找了几篇优秀的文章，写下一两个能表达某些句子关键内容的词。然后，他试着以这些关键内容为线索，依靠自己的头脑来重新创造句子。通过将自己的句子和原句进行对比，他可以看出原句比他的句子好在哪里——它们的词汇更丰富，句式更优美。本杰明一遍又一遍地练习这种技巧。渐渐地，他发现自己可以对原句做出改进了！

美国著名政治家本杰明·富兰克林十几岁时写作非常糟糕。他决定通过积极培养写作链接来改变自己。

随着写作的进步，本杰明开始挑战自己根据线索写诗。接着，他开始打乱线索，训练自己在写作中做到条理分明。

注意——本杰明并没有坐在那里背诵别人的好文章，而是积极地创建链接，这样他就更容易让自己的头脑产生好文章了。

如果你想提高自己的艺术能力，你能想到该如何进行类似的训练吗？

再回到钢琴这里

那么，当我在看漫画书时，我能学好钢琴吗？绝对学不好！我几乎违反了良好学习方式的所有法则。我没有刻意专注于新的、比较难的内容。相反，我使用的是惰性学习法，大多数时候只是弹奏我已经很熟悉的曲目。当然，我会在睡眠中巩固新曲目，但是每天只花五分钟时间去真正地学习新信息，难怪我没有取得多大进步。我没有学到足够多的新内容用来进行交叉学习。渐渐地，由于我进步很慢，所以我对钢琴失去了仅有的一点兴趣。我的父母一直没有发现我对他们（以及我自己）耍的诡计。如今，令人悲哀的是，我完全弹不来钢琴了。这是一种双重遗憾，因为研究表明，学习一门乐器在很多方面都对你的大脑有益。它可以帮助你更轻松地学会无数其他技能。

幸运女神青睐努力的人

你可能会说："但是，芭布，要学的东西太多了！当我要学习某种新的、抽象的、困难的东西时，我怎样才能为所有内容建立起大脑链接呢？"

答案很简单，你不能学会所有东西。最好的办法就是选择一些重要的概念来转化为大脑链接，把它们牢固地连接起来。

记住我所说的**机缘法则：幸运女神青睐努力的人。**

幸运女神青睐努力的人。

全神贯注于你眼下正在学习的任何东西。听从你的直觉，把最重要的信息联系起来。你会发现，一旦你把第一个问题或概念放进你的大脑链接库中了，无论那是什么，那么第二个概念进入时就会变得更容易一些。第三个则会再容易一些。这一切并不是一蹴而就的，但事情确实会变得越来越容易。

好运气会因为你的努力而对你微笑的。

暂停并回忆

这一章的主要内容是什么？记住，要祝贺自己读完了这一章——你的每一项成就都应该获得一些精神鼓励！这么做的时候合上这本书，不要看它。

完成后在这个方框里打个钩：❑

现在你来试试！ 让你熟练掌握知识的大脑链接[7]

- 选择一个你真正想要改进的科目。想想看你应该刻意练习哪些技能或知识，以便能取得进步。确定你可以执行的特定任务。心里要清楚，什么信号意味着你已经达到了一定的熟练程度，可以终止该任务，去刻意练习更高级、更复杂的任务了。

- 将彩色美术纸裁成纸条，做一个大脑链接组。每根纸条可以做成链接组中的一环。如果愿意，你可以用不同的颜色来代表不同类别或类型的任务，也可以用一种有趣的模式来交替使用各种颜色。
- 在每张纸条上写下一个任务，然后将纸条做成链环。将链环的两端粘住，再串上另一个链环，如此这般，不断增加，要始终确保将有字的那一面对着外面，这样就可以方便你阅读了。这一组“刻意练习链接”就是你的挑战性任务列表，每次你学习该科目的时候都要去做它们。
- 当你已经掌握了一项任务，就把它的链环取下来，添加到“已掌握任务”的链接组中。随着你不断掌握新的挑战技能，这个大脑链接组会变得越来越长。你也可以在“刻意练习链接”中添加新的任务，让手边随时有一份你想专注于其中的挑战性任务清单。

塞拉为她的吉他练习制作了一组链接。她用其中一个链环作为标题——“吉他”，然后制作出她想专注于其中的刻意练习链环。其中有两个是她需要掌握的新和弦：C9 和 G。还有两个是她觉得在目前阶段很重要也很有挑战性的其他任务：写出她所知道的和弦琴谱，以及利用她知道的和弦为一首歌写出吉他乐谱。

与心理学有关的重要术语

主动学习：主动学习意味着积极地练习或者自己去做一些事情，把正在学习的东西应用到实践中去。仅仅是看着别人做、看答案，或者是去读一页书，这可以让你起步，但是对你建立自己的学习神经构架并没有多大作用。只有积极地运用所学的东西，才能帮助你建立强大的大脑链接。

主动回忆：主动回忆意味着重新回想起一条信息，最好别在面前放任何笔记或书本。事实证明，回忆你正在学习的重要内容，是一种理解它们的好方法。

健忘症：健忘是指无法记住你生活中出现的新的事实或事件。

认知负荷：认知负荷是指工作记忆中正在被使用的认知资源的量。如果你同时面对太多的新信息，导致你的认知负荷太大，你就无法很轻松地接受新信息。

刻意练习：刻意练习意味着专注于对你来说最难的材料。与之相反的是"惰性学习"，即反复练习最容易的东西。

事实记忆：我们用事实这个词来代表一个更抽象的记忆范畴。事实可能比图像更难以储存在长时记忆中。(心理学家把这种常识类型的长时记忆称为"语义"记忆，如颜色的名称，以及人在一生中获取的其他基本事实信息。)

交叉学习：交叉学习意味着练习你所要学习的事物的不同方面，以便能理解不同方法之间的差别。你的代数课本中的第 4 章或许介绍了一套解题方法，而第 5 章又介绍了一套不同的解题方法。交叉学习意味着在第 4 章和第 5 章两种类型的问题之间交替练习，这样你就会明白应该在什么时候使用这两种方法。

长时记忆：长时记忆就像大脑的“储物柜”，是记忆的长期储存空间。你可以在你的长时记忆中储存很多信息。大脑链接组就储存在长时记忆中。

图像记忆：我们使用图像记忆这个术语来指包含图像的记忆范畴。图像比事实更容易储存在你的长时记忆中。（心理学家称图像记忆为“情境记忆”。）

工作记忆：工作记忆是大脑的临时储存空间。你可以把工作记忆想象成一只只有四根触手的章鱼。这是因为你的工作记忆只能同时保存大约四条信息。工作记忆的“触手”可以深入到你的长时记忆中，与你在那里创建的大脑链接组相连接。

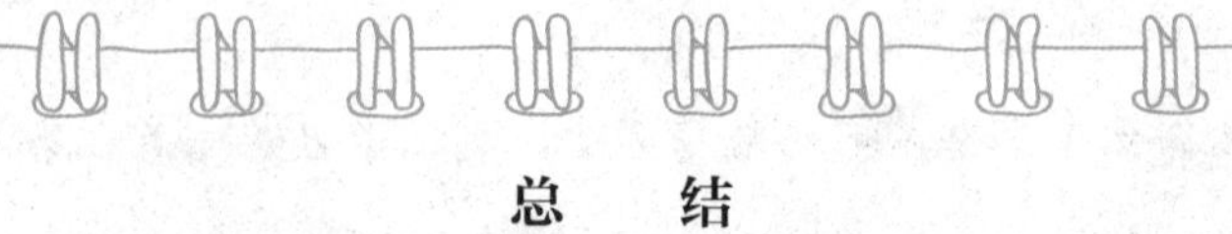

总 结

- 在学习新东西时，看答案或者是看别人练习，这可以帮助你起步。但是只看不做无法创建大脑链接。**只有积极地解题，或者是从事一项活动，才能创建大脑链接。**
- **你要通过刻意练习来创建和强化大脑链接组。**刻意练习是对概念中较困难的部分进行专注、反复的练习。不要把时间浪费在你已经掌握的、容易的事情上。
- **交叉学习是建立专家级大脑链接组的另一个重要部分。**在一门科目内部进行切换练习，这样你就能从整体上把握一个主题。你的神经元最终将相互连接起来，你将完成一幅完整的“拼图”。
- **练习主动回忆。**进行自测。让别人来考考你。
- **把一项你觉得很难的知识教给你的爸爸、妈妈或是朋友。**在此期间，试着不要去翻笔记。这是巩固大脑链接的最好方法之一，而且能让你意识到自己的知识中还有哪些缺口。
- 记住你在第一章中学到的东西——**进行图文漫步。**这会让你的头脑为它即将学习的东西做好准备。

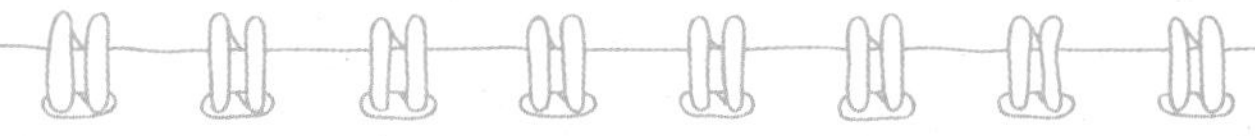

测试你的理解程度

1. 不要往回翻看本章内容，解释一下，为什么拼图游戏是我们拼凑概念的一个很好的比喻？

2. 你如何向一个七岁的孩子解释“交叉学习”的概念？你能想出一个例子让它变得更容易理解吗？

3. 什么是“惰性学习”？

4. 如果你在应该练习弹钢琴的时候看漫画书，超人对此会说些什么呢？

5. 有什么特别的建议可以帮助我们学习数学、科学以及其他抽象科目？

（做完这些题目后，你可以把自己的答案和书后的答案进行比较。）

你已经对下一章进行过图文漫步了吗？回答过章节末尾的一些问题了吗？已经准备好笔记本了吗？ ❑

问自己重要的问题

你应该在学习的时候听音乐吗

我想请你闭上眼睛。哦！不是现在！等你读完这一小节之后再闭。想象一下，你正从天花板上俯视自己。现在闭上眼睛。

你能看到你的头发吗？还有你穿的衣服？你的表情看起来像是在聚精会神吗？你在上面看到的是一名什么样的学习者？

“天花板上的你”对你今天的学习情况怎么看？你是一名效率很高的学习者吗？记住你的体内是有测谎仪的——你的树突棘！

成为一名艺术家和一名科学家

我们希望你成为一名学习方面的科学家。那么你应该研究什么？你自己。我们希望你走到一边，“从天花板上”观察你正在做什么。

你的第一个实验是什么？音乐。有人说，学习的时候不应该听音乐。但是每个人都是不一样的，我们有不同的口味。你觉得音乐对你的学习有帮助吗？还是说它会分散注意力？

你要成为一名学习方面的科学家，所以你需要做一些观察。你需要观察自己的学习情况，想想什么是有效的，什么是无效的。有些人甚至喜欢把观察结果记录在笔记本上。我们知道你是个忙碌的学生，而且这么做并非对所有人都有效，可如果你想冒个险，那么这里有个建议你可以试上几天：每天晚上，先写下日期，然后画一幅画代表你的白天。不管画得是好是坏，只管去画——不需要画得像件艺术品，只要30秒左右就可以画完。

从天花板上观察自己。你的学习进行得怎样了？

你画了什么？一根竖起的大拇指？一朵花？一只青蛙？一只靴子？唯一重要的是，这张图片对你而言是有意义的。

然后，如果你有笔记本的话，你可以添加几条关于你当天学习情况的笔记。记住，你是在“从天花板上”进行观察。你需要一个冷静的、局外人的视角。你对此要采取科学的态度。你的学习进展如何？你有没有做波莫多罗？你做了几个？两个？三个？有没有什么事情是你做得特别好的？有什么事情是你可以改进的？在你当天的学习中，影响最大的是什么？（顺便说一句，研究显示，有一件事情能够帮助你更快入睡，那就是为你第二天计划要做的事情制定一份任务清单。这可以将各种项目从你的工作记忆中释放出来，帮助你放松，睡得更好。）

如果你不喜欢在笔记本上记东西，也许是因为这看起来像是额外的家庭作业，那也没关系，你可以试着和同学或是父母聊天，谈谈你当天的学习情况。向自己提同样的问题。

例如，你听音乐了吗？如果听了，你是否沉醉于其中，忘了学习？还是说音乐为你提供了舒缓的背景声？你得诚实，这很重要。

在你反思自己的观察结果时，试着去发现其中的规律。比如说，晚上睡了个好觉之后，白天的表现是否会更佳？或者在你跑完步之后是不是表现得更好？如果你在学习时把手机打开，是不是会分心？还是说你的手机上有一个波莫多罗定时器，使用后有助于提高你的注意力？当你听某些类型的音乐时，是不是会更有效率？还是说，当你根本不听音乐时，你能学得更好？

关于音乐对学习的影响，你想知道科学家是怎么说的吗？这一点我们会告诉你的。但首先，先来看一看另外一些对学习有影响的出人意料的因素。

在不同的场所学习

想想看你平时在哪里学习。总是在你的卧室里吗？还是在图书馆里？朋友的家里？户外大自然之中？还是经常换地方？这乍一看似乎很奇怪，但是经常变换学习场所是很有好处的。[1]

为什么？这和你那友好的注意力章鱼有关。真正的活章鱼拥有吸盘，可以帮助它附着在物体上；而在我们的隐喻中，吸盘可以让你的学习要么“黏附”，要么“滑落”。

当你的注意力章鱼在帮助你理解学习材料时，它也会随机拾起其他的信息。例如，当你在图书馆学习几何时，你的章鱼会和你一起研究并理解这个主题，但与此同时，它也会抓住一些图书馆的氛围、气味和外观。

一些图书馆的气味粘在了链接上。

如果你总是在图书馆里学习几何，你的章鱼就会习惯了。当你要从长时记忆中调取一组几何链接时，你不会意识到，但是这组大脑链接上黏附着一些“图书馆”的特点。你的章鱼认为几何链接会带着图书馆的气味。

那又怎么样？

关键在于，你通常不在图书馆里参加考试。

如果你一直在图书馆里学习，但却在教室里考试，你的章鱼就会感到困惑。在教室里，你的章鱼或许很难找到几何链接，因为周围没有图书馆的气味来引导它，于是你的考试成绩可能会比较差。

所以，如果可以的话，你最好在各种各样的场所学习！我们知道学校并不总是会给你很多选择学习场所的机会，但如果可能的话，回家后，你可以在不同的房间里学习。

这样，无论你在哪里学习，你的注意力章鱼最终会习惯于在你的长时记忆储物柜里找东西。如果你周一在图书馆里学习几何，周二在家里学习几何，周三在公园里学习几何——哪怕仅仅是在不同的日子去不同的房间学习几何——你的章鱼都会习惯于找到你的几何链接，无论你身在何处。这样你的考试成绩会更好！

你要发挥创意，自己想办法来改变环境。时而将椅子挪到房间的不同位置、用不同颜色的笔做笔记、挪动你的灯。只要能让你的学习环境有所改变就可以了。

关于听觉与视觉学习方式的问题

研究人员一致认为，每个人处理信息的方式是不同的。这就引出了关于“听觉”“视觉”或“动觉”（kinesthetic）[㊀]学习者的话

㊀ 动觉的意思是通过触摸或感觉来学习。例如，在你了解不同的物质或材料时，如蜂蜜、海绵或钢螺丝时，你不仅可以观察它们，而且还可以触摸它们。

题。其核心理念是，一些人通过听、一些人通过形象思维、还有一些人则通过触摸来学习。

不幸的是，研究显示，依赖某种“偏爱的学习方式”——也就是说，只使用一种而不是若干种感官——会削弱你用其他方式学习的能力。[2]例如，如果你认为自己是“听觉学习者”，试图通过听来学习，那么结果会如何？你的阅读练习会减少。而如果你不练习阅读的话，你怎么可能在考试中取得好成绩？

当我们使用若干种不同的感官时，我们学得最好，这包括听、看，以及用自己的手去触摸，最后一点可能尤其重要。在你的大脑深处，你看到并且听到，你看到并且嗅到，你听到并且触摸到。当你的大脑在创建它对这个世界的印象时，你应该调动尽可能多的感官去参与。

所以，任何时候，当你在学习任何东西时，要努力去利用你的所有感官。不要认为自己有一种偏爱的学习方式。把自己想象成一名“无所不包”的学习者。如果你想象自己听到一位历史名人在对你说话，或者是将一种化学物质给形象化，这就叫作多感官学习，它是一种最有效的学习方法。对所有人来说都是如此。

睡眠：它甚至比你想象的更加重要！

以下是你的学习日志中应该记录的。你的睡眠充足吗？真相会让你大为震惊：仅仅是保持醒着的状态就会在你的大脑中产生危险的有毒物质。你醒着的时间越长，积累的毒素就越多。这是多么可怕的事情！

但这并不像听起来那么糟糕。一旦你入睡，你的脑细胞就会收缩，有毒物质就会被从细胞缝隙间带走。[3]正如电脑可以重新启动，以消除错误，当你睡了个好觉醒来时，你的大脑就重新启动了。这就相当于你在夜间升级了！

如果你睡眠不足，就没有时间清除所有毒素。你起床后会昏昏沉沉，耳目闭塞，无法清晰地思考。你的神经元也无法长出新的突触。你的思维老鼠没有时间沿着路径奔跑，建立新的连接。非常失败！

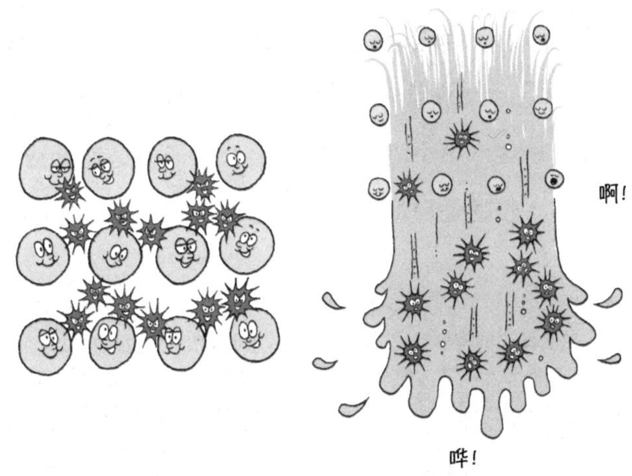

当你入睡以后，神经元收缩，使毒素可以被带走。

睡眠是终极发散模式。在睡眠中，思想、图像和各种知识在你的大脑中自由流动。大脑的不同区域相互链接，创造性地发生关联，一同解决问题。有时候，当人们对某件事情不确定时，会说“睡一觉就知道了”。沉睡中的大脑很善于想出办法，哪怕你并未专注于此。

顺便说一句，打盹也有助于你的学习。跟一般的夜间睡眠一样，打盹也能让暂时储存在海马体中的信息转移到大脑其他部位的长时记忆中。这一过程可以“清空”你的海马体，让它可以更轻松地保存你打完盹后想要放入的新信息。但是千万不要错误地认为，白天的一系列小睡可以取代每晚充足的长觉。这是不可能的。

大家可能要问，一个人应该保证多长的睡眠时间？尽管这个问题因人而异，但一般来说，你每晚至少应该预留八个小时作为“睡眠机会时间”——也就是说，入睡加上熟睡的时间。[㊀4] 在一周中应该始终保持这八个小时的睡眠机会时间——这种事情是不能在周末补上的。**睡眠是你每天自我调整以及让自己保持健康的最**

㊀ 睡眠研究人员马修·沃克解释说，出于基因的原因，人类中有大约40%的人属于喜欢早睡早起的“早起型”；另外30%是喜欢晚睡晚起的“夜猫子”；其余的人则是两种类型的混合。跟成年人不一样，青少年所拥有的体内“睡眠钟”往往使他们容易进入夜猫子状态。这就使得青少年很难早睡，哪怕他们很想这么做。不幸的是，许多学校开始上课的时间太早，使青少年无法获得他们想要并需要的睡眠。已经有一些学校推迟了上课时间，结果他们发现学生的考试成绩有了显著提高。

佳方式。更有甚者，青少年和儿童每晚往往需要超过八小时的睡眠时间。

为了帮助自己睡个好觉，黄昏过后，要避免任何发出蓝光的东西，比如 iPad、电脑屏幕和智能手机。你也可以下载蓝光拦截应用程序。

睡眠不足会导致与吃砒霜类似的长期后果。睡眠不足会使有毒物质在你的全身积聚，使你更容易生病、患癌症以及出现各种精神问题。睡眠不足也会使新神经元和突触停止生长，让你的学习变得困难许多。

所以，如果你有学习日志的话，不妨记一下你昨天睡了多长时间，并且记录下你的感受。这有助于你更好地了解你的睡眠质量。如果你在白天感到累了，并且睡着了，那么你肯定是睡眠不足。

还有一件事。如果你在睡觉前专注地做某件事情，你就更可能会梦见它。梦到你的学业对你的考试有帮助，你会记得更牢。[5]

把睡眠作为高度优先选项，考试前一天晚上不要熬夜，否则会更难考出好成绩。一个波莫多罗加上一个充满活力的大脑比三个波莫多罗加上一个疲倦的大脑更有价值！

先吃青蛙！

“先吃青蛙”的意思是，在学习时，最好先去对付令人不快或是困难的事情。这样，如果你陷入困境，就可以休息一下，或者去做别的事情，让你的发散模式在后台工作，等你回来时为你“解困”。你甚至可能在学习的开始阶段便完成最困难的任务，这种感觉很棒。（当然，如果你喜欢吃青蛙，那就得把这个隐喻改变一下。有些人喜欢把它表达成：“把饼干留到最后吃！”）

制定终止时间

最后一个窍门。如果你能为每天的学习设定一个终止时间，这会很有帮助。我们知道学习时间的控制权大多掌握在学校手中，但是当你在做家庭作业时，如果可以的话，计划一下做到什么时间为止。

例如，在整个大学学习期间，卡尔·纽波特（Cal Newport）每天下午五点必定结束一天的学习。他最终获得了麻省理工学院的计算机科学博士学位（这是最高级的大学学位）。麻省理工学院是世界上最好的大学之一，所以这么做对他来说效果很好。（你可能想看看他写的一些书，比如《如何成为一名全优生》（*How to Become a Straight-A Student*）。）卡尔坚持认为他不是天生的超级巨星。相反，他发现设定一个严格的终止时间可以让他全神贯注于白天的学习。这样，到了晚上，他就可以和朋友们一起放松并享受生活了。卡尔学会了在学习时保持专注，从而降低了他的压力水平。

卡尔建议，当你要让自己从工作中解脱出来时，可以使用某种停工仪式。你也可以做类似的事情。假装你是一名飞行员。在指定的时间点开始倒计时，最后以“系统关闭！”作为结束。

但是有一个例外。睡觉前，你可以在学习日志中记一些笔记，或者是回顾一天的情况。你也可以最后看一眼你想强化的东西，这能促进你的睡眠和学习。但是要尽量远离背光屏幕，比如电脑或智能手机的屏幕，至少在睡前一两个小时就得这样。背光屏幕会向你的大脑发送光信号说：“醒醒！”这会让你很难入睡。

圆满结束本章：回到音乐上

我们在这一章里讨论了很多内容，现在这一章要结束了，而我们答应过要告诉你对听音乐这件事情的研究结果。

研究结论是：科学家也不确定！[6]有时，对某些人来说，音乐可能有帮助，但有时候音乐也可能愚弄你，让你认为它是有益的，而实际上它是有害的。

所以，成为一名学习科学家非常重要。像科学家那样观察你自己的学习情况，你就能够看明白音乐和其他因素对你会有什么影响。

关于音乐的研究能为大家提供的唯一建议就是，你的注意力章鱼似乎更容易因为喧闹的音乐以及带有歌词的音乐而分心。这些歌词会占据章鱼的一根触手，使它效率降低；但是没有歌词、比较安静的音乐有时会有所帮助，这取决于你在学习什么。你要记住，在你参加考试时，通常不太可能听到音乐声，除非附近碰巧就是学校的音乐教室！

总而言之，如果你想在学习的时候听音乐，这或许没问题。但是你要小心。你需要亲自尝试一下，看怎样做对自己更好。要对自己诚实。

现在你来试试！像学习科学家那样思考

今天正适合开始培养一个新习惯：反思你的学习情况。科学家会仔细观察事物，并试着从中找到规律。你也需要这样做。不管是记日志，还是养成回顾当天学习情况的习惯，重要的是，你得去思考它。记住要像“从天花板上”看事物一样进行观察。过一阵子，你会变得非常习惯，即使睁开眼睛，你也能在脑海中看到自己一天的活动情况！

如果你当天参加了一次测验或考试，这时候像一名学习科学家那样思考就特别有价值。如果你做得好，那是因为你做了什么？如果你做得不太好，那是出了什么问题？有哪些部分你做得不好？那些部分你是如何学的？怎样才能在下一次测验中有所改进？

这里有一份日志内容样本，上面是在一天结束时你可能会思考的事情：

我的学习日志：样本页[⊖]7

日期：____________________你今天的标志：

我的准备工作做得如何？
昨晚我睡了多久？ ______________ 小时
今天我运动了多久？ _______________ 分钟
今天我吃了什么？ ❑ 水果 ❑ 蔬菜 ❑ 坚果
❑ 高蛋白食物 ❑ 没有垃圾食物

⊖ 你可以在以下网址找到这一页学习日志：https://barbaraoakley.com/books/learning-how-to-learn。

何处？何事？何时？

我的书包和储物柜

我学到的新知识	我回忆并复习的旧知识

我是在哪里学习的？

地点 1：________________ 地点 2：________________

地点 3：________________

我今天做过几个波莫多罗（打钩）：

今天我的一些聪明之举：

吃过青蛙吗？

完成过测验吗？

教过别人吗？

列过待办事项清单吗？

我的工作终止时间：__________

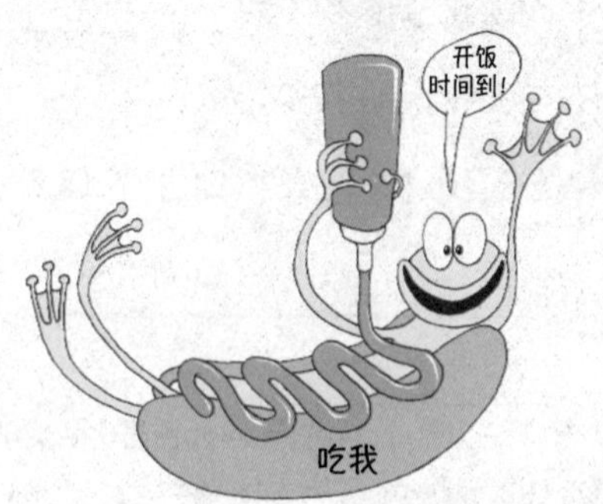

暂停并回忆

这一章的主要内容是什么？你可以坐在原处进行回忆，不过，接下来试试去另一个房间里再回忆一遍这些内容，或者说，更好的选择是，去户外回忆。

完成后在这个方框里打个钩：❑

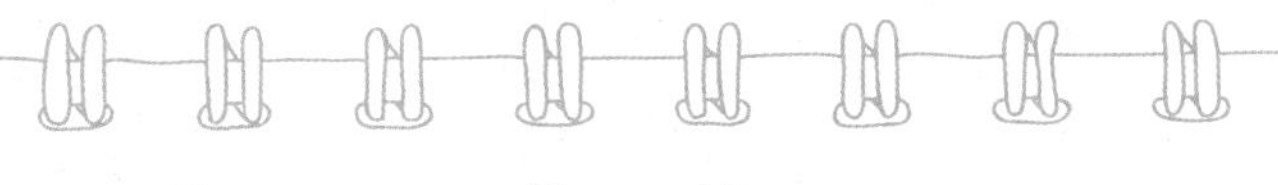

总　结

- 每个人都是不一样的，所以，**成为自己的专属学习科学家**是很重要的。你可以看到在你的学习中什么是最有效的。像科学家那样思考，在对你有用和对你没用的东西中寻找模式。
- 音乐在学习中既可能有用也可能有害。“从天花板上”观察音乐对你的学习有什么影响。
- **尽可能在不同的场所学习**。这样当你的考试场所和你的学习场所不一样时，你的注意力章鱼不会感到不适。

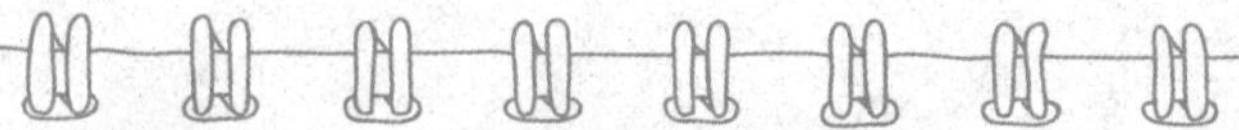

- **试着在学习时运用各种感官**。你的眼睛、你的耳朵、你的手，甚至是你的鼻子都能帮助你学习。当你运用到所有感官时，你能学得最好。
- 睡眠不仅有助于建立新的突触连接，它还可以清除毒素！
- **先吃青蛙**。先从较困难的材料开始，这样你就可以在需要的时候休息一下，使用发散模式。
- 有可能的话，制定一个严格的每日学习**终止时间**，以便让你在学习时更加专心。

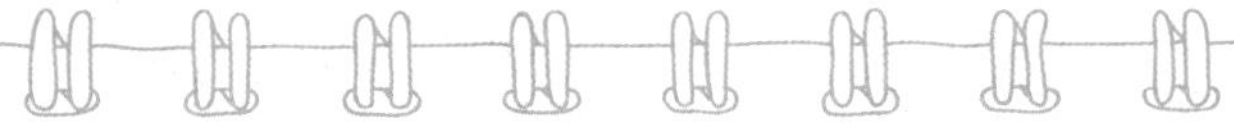

测试你的理解程度

1. 本章中提到某些类型的音乐不太适合在学习时播放。用你自己的话复述这些发现。

2. 说一说为什么在不同的场所学习是个好主意。

3. 认为自己有一种特殊的学习方式，这有什么不对？

4. 当你在学习一些抽象的知识，比如学数学时，怎样才能同时运用视觉、听觉和动觉呢？

5. 睡眠与大脑中的毒素有什么关系？

6. 解释一下“先吃青蛙”是什么意思。

7. 当你在工作时，什么方法（如本章所述）最能帮助你更有效地集中注意力？

（做完这些题目后，你可以把自己的答案和书后的答案进行比较。）

你已经对下一章进行过图文漫步了吗？回答过章节末尾的一些问题了吗？已经准备好笔记本了吗？ ❑

学习中的惊喜

嘿嘿……你最坏的特点或许正是你最好的特点！

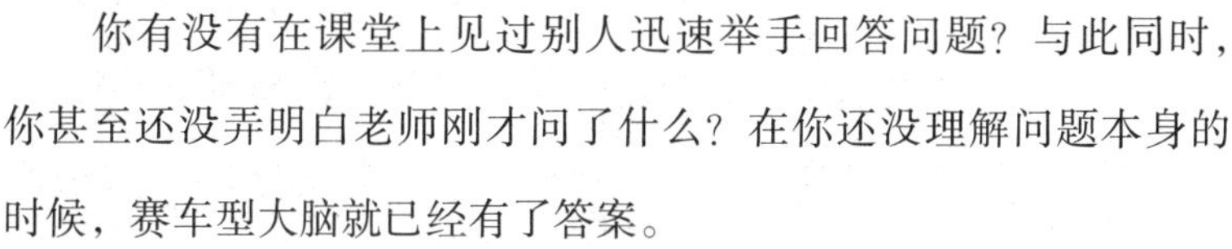

你有没有在课堂上见过别人迅速举手回答问题？与此同时，你甚至还没弄明白老师刚才问了什么？在你还没理解问题本身的时候，赛车型大脑就已经有了答案。

人们很容易认为，如果你是一个学习较迟缓的人，那么你就不是学习的料。但是我们要给你一些惊喜。就算你比别人慢，你也一样能学得好，有时甚至比快速学习者更好。

这怎么可能呢？

我们待会儿会解释的。在这一章里，我们将讨论很多关于学习的惊喜。有时候，你对学习的某些想法并不对。首先让我们来看看视频游戏。

视频游戏

你父母是不是特别反对你玩视频游戏？很多家长都是这样。视频游戏的确有一些害处，这一点我们很快就会谈到。但是你父母可能想不到，某些类型的视频游戏其实是可以帮助你学习的。事实上，某些视频游戏没准对你的父母也有所帮助！[1]

动作视频游戏对于培养专注力很有帮助。当你玩得开心的时候，你也在学习集中注意力。当你在玩动作视频游戏时，你的思维老鼠会在一条具有核心重要性的大脑路径上来回奔跑，那是你大脑中的“专注”路径，你使用得越频繁，它就会变得越宽阔。成为一名强大的视频游戏玩家意味着当你把注意力转移到某件事情上时，你会非常专注。[⊖]

⊖ 我必须指出，视频游戏并不能增加你的工作记忆容量。增加工作记忆容量就像是给章鱼增加更多的触手，这是很难做到的。如果你看到游戏广告说能增加你的工作记忆容量，你就应该表示怀疑。目前，研究人员尚不知道该如何帮助人们增加工作记忆容量。如果你没有良好的工作记忆，就继续往下读。你会发现你有一些特殊的优势！

顺便说一下，我们有理由猜测，诺贝尔奖得主圣地亚哥·拉蒙－卡哈尔所面临的潜在记忆力挑战正是他的工作记忆力很差。正如圣地亚哥在自传中描述的那样，他的父亲非常善于利用记忆技巧将信息储存在长时记忆中。圣地亚哥可能从他父亲那里学到了一些窍门，但是圣地亚哥的父亲并不能帮助儿子改善工作记忆，因为即使在今天，我们依然不知道该如何改善工作记忆。

这听上去或许对圣地亚哥不利，但其实不然。圣地亚哥糟糕的工作记忆似乎正是某种魔力的一部分，让圣地亚哥可以看到那些被“天才们”忽视的简单的神经解剖学基础原理。所以，如果你的工作记忆很差，有时你可能需要更加努力才能赶上别人，但这有时也可能是一件奇妙的礼物，它可以让你比那些“更聪明”的人看得更简单、更清楚。

动作视频游戏也能在某些方面提高你的视力。跟那些不玩动作游戏的人相比，你能学会更好地洞察细节，你甚至能在雾中看得更清楚！

能起到帮助作用的不仅仅是动作视频游戏。像俄罗斯方块这样的游戏可以培养你的空间能力，也就是说，你能学会在脑海中更轻松地旋转物体，而这是数学和科学的一项重要技能。

并非每种类型的视频游戏都是有用的。例如，“模拟人生”是一款“生活模拟视频游戏”。这听起来不错，但是这种游戏无法让你练习心理学家所说的“注意力控制”。研究表明，如果你想提高你的专注力或空间思维能力，就应该坚持玩动作或空间类视频游戏。

视频游戏的缺点是它会让人上瘾。就跟运动、饮食，甚至学习本身一样，关键在于你是否具有常识。如果视频游戏干扰了你生活的其他方面，就该减少玩游戏的时间了。就算游戏是你的至爱，你现在也该知道运动和休息可以帮助你表现得更好。让头脑去进行截然不同的、其他类型的学习也能让你表现更佳。

我们说过，视频游戏也可能帮助成年人。如果你喜欢动作型游戏，就把它们介绍给你的父母！是的，动作型视频游戏有助于改善你父母的专注力和注意力，哪怕他们逐渐上了年纪。有一些动作视频游戏甚至有机会被联邦药品管理局认定为“药物”，因为它们可以提高老年人的思维能力。

阿尔正在和他的儿子雅各布一起玩视频游戏。

所以，下次你父母跟你说视频游戏对你有害时，不妨把这本书给他们看。沉溺于视频游戏肯定是不好的！但是某些视频游戏可能是有益的。如果你父母愿意跟你一起玩，这可能也有利于他们的健康呢！

学习完全不同的事物

我们说了，如果你是一名狂热的游戏玩家，那么去学习或是去做一些完全不同于视频游戏的事情有助于提高你的游戏技能。油画、撑竿跳、学习芬兰语、杂耍、日本漫画——只要是与游戏不同的，就可以在各种意想不到的地方提高你的视频游戏技能。

事实上，如果你有任何爱好，只要你去学习一些与之迥然不同的东西，都会让你在自己的爱好方面做得更好。

为什么？

因为不然的话你会陷入我们所说的“车辙思维”中。[㊀]由于你的头脑已经非常习惯于沿着某些神经通路运行，以至于无法轻易做出改变，于是你的思维就变得不那么灵活了。

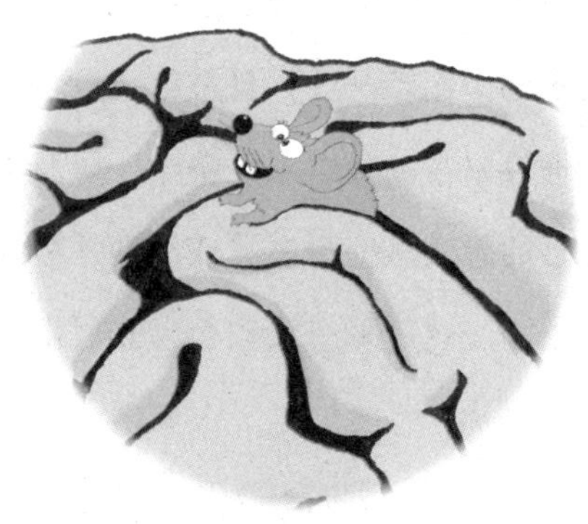

“车辙思维”

我们可以从另一个角度来看待这个问题。如果你决定要在某方面做得很棒，你往往会把所有时间都花在这件事上。但事实是，其他所有试图在这件事情上取得成功的人也都在做同样的事情。那么，如果你正在做跟他们相同的事情，你又怎么能做得比他们好呢？

下面的话又要让你感到意外了：超过别人的方法是从截然不

㊀ 心理学家把这个一般概念称为“定式”（Einstellung）或“功能固着”（functional fixedness），但这些术语可能比较难记，所以我们选择使用“车辙思维”。

同的方向出击。你去学点别的东西。任何东西都行。无论你学什么，你的大脑都会找到办法让那些信息对你的主要爱好发挥作用，最常见的途径是隐喻。

这一重要的学习理念叫作迁移。你在一个区域建立的大脑链接能让你更轻松地在另一个区域建立链接。例如，学习打棒球可以帮助你学会很多球类运动——并且最终可以帮助你更好地理解物理学。学习物理可以帮助你学习经济学，以及学习如何创造更美的陶器。将自己的想法从一个主题或活动迁移到另一个上面有助于提高你的创造力。这就像一张模板，你可以将它从一个区域拿到另一个区域去使用。

如何记笔记

这里还有一个关于学习的惊喜。人们通常认为记笔记的最佳方式是把它们打出来。毕竟，打字可能比手写更快，而且笔记会更整洁。

但是不对。手写笔记效果更好，哪怕你的字写得很烂。[㊀]

记住，你需要为重要知识建立一个大脑链接组。令人惊讶的

㊀ 如果你碰巧有手写困难的症状，那么用打字的办法记笔记也无妨。但是要注意别陷入不动脑筋的状态中，只是机械地键入你所听到的内容。你需要放慢打字速度，以便总结关键知识点，而不是单纯地键入所有进入你耳中的信息。

是，如果你只是键入你所听到的信息，那么在这些词语被打到页面上的同时你不会创建链接组。信息进入耳朵，再从手中输出，这中间没有发生深层次的脑力工作。

如果你手写的话，就必须对写在纸上的内容做一些思考，这有助于大脑链接组的形成。这时你的树突棘将开始生长，如果你在睡前最后复习一次笔记的话，还可以让树突棘在你睡觉时长得更好！

记笔记的一个好方法是在页面的一边画一条线，距离页边大约纸张宽度的三分之一。把最初的笔记写在比较宽的一侧，然后，当你复习它们的时候，在比较窄的一侧写出更简洁的要点。接着，不要看笔记，试着回忆那些要点，自测一下，练习调取那些链接！

记笔记并没有神奇的准则。它的主旨是提炼要点，这样你就可以复习它们，巩固你的大脑链接。

你的工作记忆很糟糕吗？祝贺你！

关于学习还有一个惊喜，那就是，糟糕的工作记忆有时比强大的工作记忆更好。

怎么会这样呢？

有些人有着惊人的工作记忆。他们的注意力章鱼可能有八条甚至更多的触手，而且他们的章鱼触手黏附力非常强。他们可以记住很多东西，而且记得很牢。这岂不是天大的好事？

但是糟糕的工作记忆也有它的优势。例如，如果你的注意力章鱼只有三根触手，那你就必须更加努力地为重要知识建立大脑链接。你的章鱼没有足够多的触手去抓住很多想法，所以你必须想办法简化知识，并且将它们联系起来。

这就意味着，工作记忆差的人所建立的大脑链接组可能包含着惊人的简洁思路和创造性的飞跃。[2] 工作记忆强的人则较难实现这种巧妙而富有创造性的简洁。他们强大的工作记忆意味着他们不需要寻求简化。

工作记忆差的人经常会发现自己的想法从脑海中溜走了。这听起来很糟糕，对吗？但这也可能是好事情！研究表明，当一个想法从脑海中溜走时，另一个想法就会冒出来。工作记忆差的人可能特别有创造力！这种创造性在具有注意力“障碍”（我们认为应该把这个词改成“优势”）的人群（如多动症患者）中尤其明显。[3]

工作记忆力差、注意力难以集中的人有时必须比其他人更辛苦地建立大脑链接。但对此的弥补则是，他们更容易产生更多的创意。他们能看到简洁的捷径，想到其他人想不到的点子。所以这种弥补是物有所值的！

步行者型大脑和赛车型大脑

所以，我们逐渐明白了，为什么思维迟缓的人有时会比思维敏捷的人做得更好。

我们不妨这样想。一个大脑像赛车那么快的人可以更快到达终点线；换句话说，他们可以更快地找到问题的答案。另一方面，思维较迟缓的人也能找到答案，但是速度要慢得多。（记住，有些人在某些科目上可能像赛车，但在另一些科目上却像徒步旅行者。）

对于拥有赛车型大脑的人来说，一切都模糊地一掠而过；他们思维敏捷，不一定需要担心细节。相反，拥有“步行者型大脑”的人动作则要慢得多。当他们慢慢行动的时候，他们可以伸出手去触摸树上的叶子，闻到空气中松树的味道，听到鸟儿的歌声，看到小兔子的踪迹。

这就意味着，在某些方面，步行者型大脑可以比赛车型大脑看得更深刻。

所以，如果你在一些或众多科目上拥有一个步行者型大脑，你应该感到高兴。比起赛车型大脑来，你可能需要花更多时间才能学会一样东西，但你依然可以学得很好——事实上，你可以学得更丰富、更深入。如果你拥有赛车型大脑，你也可以感到高兴，但是你也得小心不要偏离轨道，因为要回到正轨上可能很困难。我们稍后会再讨论这个问题。

在下一章，我们将开启这本书中最重要的章节之一：如何准备考试！

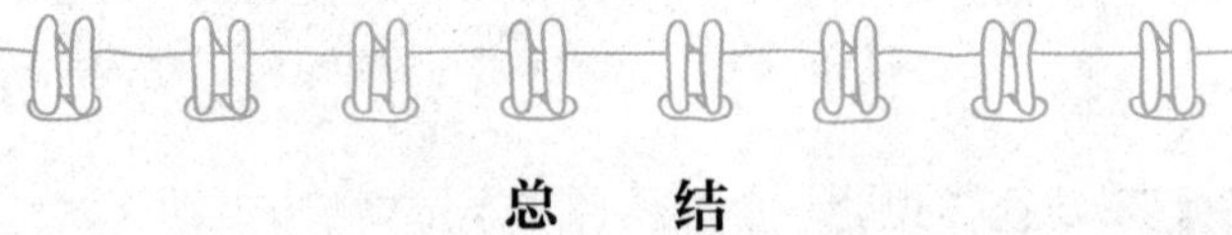

总 结

- **动作视频游戏可以提高你集中注意力的能力，**还能改善你的视力。它们对老年人尤其有用，有助于保持他们的专注力。
- **空间视频游戏可以提高你在脑海中旋转物体的能力**——这是数学和科学中的一项重要技能。
- 视频游戏的一个缺点是，像其他任何令人愉快的活动一样，它们可能让人**上瘾**。你要运用常识避免玩过头。
- **为了培养思维灵活性，你应该学习一些与你的爱好截然不同的东西。**你将会看到通往新创意的链接，这有助于你发展自己的爱好。学习一些截然不同的东西也

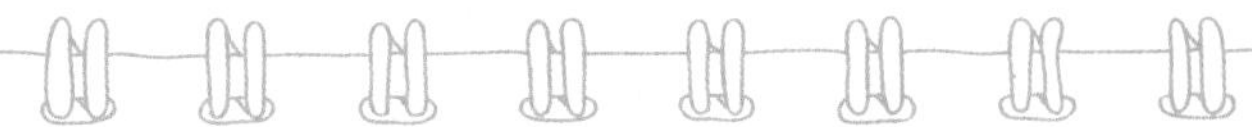

可以帮助你避免“车辙思维”。

- **用手写记笔记。**这样你更容易为重要知识创建大脑链接。
- **糟糕的工作记忆可能是件好事。**它可以让你：
  - 看到被别人忽视的巧妙的简化方式。
  - 更具创造力。
- **“迟缓”思考者跟“快速”思考者一样，都能够理解一个主题或问题。**迟缓思考者可能需要更多的时间，但他们有时能比快速思考者更好地理解主题。

现在你来试试！写下来

物理治疗师通过动作来帮助人们治疗身体疾病。西班牙物理治疗师艾琳娜·贝尼托（Elena Benito）说：“作为一名物理治疗师，我知道手与大脑有着千丝万缕的联系。每一封手写的书信都会在我们的大脑和手之间来回发送大量的信息。”

艾琳娜·贝尼托知道，动作对于帮助我们理解正在努力学习的困难知识而言非常重要。

艾琳娜建议说：

“如果你无法理解你正在学习的某样东西，可能是数学公式，也可能是一个很长的句子……你只需要把它写下来，一次、两次……有时候这能帮助你理解它。把它写下来可以帮助你越过思维障碍，把信息深深地安装在大脑的另一个地方，在那里，大脑会用不同的方式对它进行处理。”

下一次当你遇到让你感到很难理解的东西时，试试艾琳娜的窍门，把它写下来！

暂停并回忆

这一章的主要内容是什么？哪一条内容最重要？——还是说有若干条内容一样重要？这么做的时候合上这本书，不要看它。

完成后在这个方框里打个钩：❑

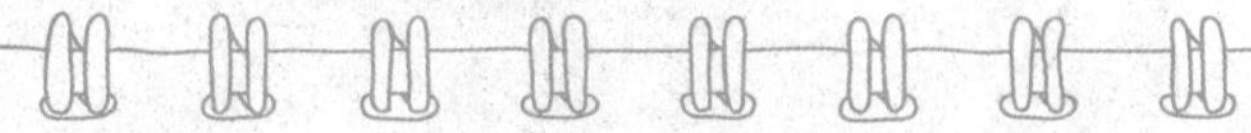

测试你的理解程度

1. 哪两类视频游戏似乎能改善你的思维？为什么？

2. 本章中所强调的视频游戏的缺点是什么？

3. 记好笔记背后的关键理念是什么？

4. 什么是“车辙思维”？

5. 如果你想更有创造力、在你所热爱的事情方面变得更好，你该怎么做？

6. 什么是迁移？

7. 说一说为什么糟糕的工作记忆能帮助你看到被别人忽视的巧妙简化方式，同时也能让你更有创造力。

8. 举例说明在某个科目或某项技能中，“迟缓”学习者可以跟“快速”学习者学得一样好，即使他们可能需要花更长的时间。

（做完这些题目后，你可以把自己的答案和书后的答案进行比较。）

你已经对下一章进行过图文漫步了吗？回答过章节末尾的一些问题了吗？已经准备好笔记本了吗？ ❑

15 如何在考试中取得好成绩

重要警告：如果你跳过了本书的其余部分，直接读这一章，那么你收获的益处将远远不及通读全书。

你正在阅读这一章，这是因为考试很重要。现实就是如此。在一个理想的世界里，我们所学习的都是那些有趣的、我们真正想了解的东西。教育的内涵远不仅仅是通过官方考试，但考试是你向你自己（以及他人）展示你将某样东西学得很好的重要手段之一。考试伴着你从中小学升入大学，或者是从大学走上工作岗位，它们可能成为人生中重要的垫脚石。

考试甚至可以很有趣，真的！

研究表明，考试是帮助你学习的最好方法之一。考试一小时比学习一小时能学到更多的东西。[1]（在考试中，我们会努力回忆我们对某个主题知道的所有细节，而当我们单纯在学习时，就不会回忆那么多。）

关于回忆的重要性，还记得我们是怎么说的吗？当你从长时记忆中调取某样东西时，你就会拉动那些大脑链接。我们知道回忆能强化你的学习。事实证明，回忆就等于你对自己进行的一次小小考试。

当我还是一名年轻的教授时，我从一位名叫理查德·菲尔德（Richard Felder）的杰出工程教育者那里学到了很多东西。菲尔德博士教会我很多关于如何当一名好老师的知识。他想帮助学生取得成功。

这里有一份考前准备清单，类似于菲尔德博士为帮助学生们考试取得成功而设计的。[2] 你该如何使用这份清单？——你只要去做任何能让你针对大多数问题回答“是”的事情即可。

备考清单㊀

仅在你通常都会这么做的情况下回答“是”：

1. 考试前你获得了合理的夜间**睡眠**时间吗？（如果你的答案是“否”，那么你对剩余问题的答案可能就并不重要了。） ____是 ____否

2. 你是否在记下课堂笔记后不久对它们进行过复习？在复习过程中你是否使用了**主动回忆**法检验自己能否轻松地调取关键内容？ ____是 ____否

㊀ 这份清单可以从以下网址下载：https://barbaraoakley.com/books/learning-how-to-learn。

3. **你是否在大多数的日子里都花点时间学习，**而不是等到考试前最后一分钟进行填鸭式复习？	____是 ____否
4. 你在学习时用心集中注意力了吗？是否除了休息之外，一直尽力**避免分心**了？	____是 ____否
5. 你是否在**不同的场合**学习？	____是 ____否
6. **你是否仔细阅读过课本或课堂练习册**？（复习功课时只是到处找答案不算。）在阅读时，你是否避免在课本上划太多的下划线和强调标记？你有没有对课本的主要内容做简要的笔记，然后不看书本，看自己是否能回忆起它们？	____是 ____否
7. 如果你在学习中需要解题，**你是否主动地研究并重复研究关键例题**，以便把它们变成大脑链接组，并能迅速回忆起解题方法？	____是 ____否
8. 你**和同学们讨论过家庭作业的问题吗**？或者至少是跟他们核对一下你的解题方法？	____是 ____否
9. **你是否自己积极地做每一道家庭作业题**？	____是 ____否
10. 当你理解上出现困难时，**你有没有跟老师或其他能帮助你的同学讨论过**？	____是 ____否

11. 你会把大部分学习时间花在你觉得比较困难的材料上吗？也就是说，你会进行**刻意练习**吗？	____是　____否
12. 你有没有进行过交叉学习？换言之，你是否练习过在**什么时候**使用不同的技巧？	____是　____否
13. 你有没有使用**有趣的隐喻和图像**来向自己或者是别人解释过关键知识点？	____是　____否
14. 在学习时，你是否偶尔会休息一下，包括进行一些体育活动？	____是　____否
总计：是________否________	

你回答的“是”越多，你的考前准备就做得越好。如果你回答了三个或更多的“不”，那么就该认真考虑一下如何为下一次考试做准备了。

硬启动技巧：学会什么时候断开连接

多年来，学生一直被告知，考试时要从最容易的题目开始做。

神经科学却认为这不是一个好主意。（除非你根本就没好好复习过，那么你就应该尽量去拿最容易拿的分数！）

当你开始考试时，你应该做下面这些事情。首先快速浏览一遍试卷，在你认为最难的题目旁边打个小钩。然后选择其中一道很难的题目开始做。是的，没错，一道很难的题目。（先吃青蛙！）

花一两分钟时间解这道题——不管需要多久，直到你觉得自己被卡住了。

一旦你感到自己被卡住了，就放下它，去找一道比较简单的题目来增强你的信心。把它解出来。接下来或许还可以再解一道。

然后回到那道难题上。现在你或许可以取得一些进展了。

怎么会这样呢？

使用“硬启动”技巧可以让你将大脑变成某种双重处理器。一旦你把难题放下，你的发散模式就可以接手它了。当专注模式在解决比较简单的题目时，发散模式会在后台处理另一道更困难的题目。如果你等到考试最后才把注意力集中在最难的题目上，你的专注模式就会阻碍发散模式进行工作。

你也可以在家庭作业中使用这种硬启动技巧。做家庭作业时的一个常见错误是，开始做一道难题后，在上面花的时间太长，却毫无进展。做得有些吃力，甚至遇到一点挫折，这都是正常的，但是如果挫折持续的时间过久，你就需要断开连接！在一道题目上花多长时间算太长？也许是 5 ～ 10 分钟，这取决于科目和你的年龄。

硬启动技巧对于考试和做家庭作业都很有效，因为它使你能够更有效地使用大脑的两种模式。它也为你断开连接并转移到你能够解决的问题上提供了宝贵的练习。断开连接可能是学生在考试中最大的挑战之一——就算还有其他你能解决的更容易的题目，你也可能在难题上把时间耗尽。

在考试中，当你发现自己被卡住时，你可能需要比在做家庭作业时更快地断开连接。一般的规则是，如果你在考试时被卡住超过一两分钟，就换道题目继续做！

最佳压力？考试的压力！

研究表明，在考试前的几周里，你练习主动回忆的次数越多，你参加考试时受到的压力困扰就越少。[3] 如果考试让你感到特别有压力，那么在学习时进行回忆练习就尤为重要。

让我们面对现实：当你坐下来参加考试时很容易感到压力。你手掌出汗，心跳加速，胃里有种焦虑的感觉。这是因为你的身体会在压力之下释放各种化学物质。但令人惊讶的是，这些压力感能帮助你在考试中表现得更好。[4] 当你发现自己有焦虑情绪时，试着转换你的视角。别去想“这场考试让我紧张”，而要试着去想：“这场考试让我很兴奋，想要竭尽全力！”[5]

当你感到紧张时，你倾向于用胸部的上部呼吸。㊀[6] 这种“浅呼吸”不能给予你足够的氧气，于是你开始感到与考试毫无关系的恐慌。这只是因为你没有得到足够的氧气！如果你在考试前容易紧张，练习深呼吸可以对你有所帮助。

做深呼吸时，把一只手放在肚子上。当你吸气时，肚子应该往外鼓起，就像图中显示的那样。试着想象你的呼吸也会让你的背部膨胀起来，就像你身上扬起了船帆一样。在考试前几天练习深呼吸，直到你能习惯这么做。你只需侧身站在镜子前面，试着

㊀ 浅呼吸似乎坏处很大。那么为什么当人们紧张时就会这么做呢？这与眼睛是天然的运动感应器有关。通过静止不动，动物有时可以避免被发现，哪怕它在视野中非常明显。浅呼吸，甚至暂时屏住呼吸，可以帮助动物或人尽可能地保持静止。下次当你指着一只鸟或动物让你的朋友看时，观察朋友的反应。即使你正指着你想让朋友看到的东西，朋友也往往看不到，直到目标开始移动。

做 30 秒钟左右就可以了。

浅呼吸是在你胸部的上部进行的，深呼吸则是在你胸部的下部进行的。深呼吸有助于降低恐慌情绪。

关于考试成功的最后几点建议

当心“车辙思维”。一旦你写下了一道题目的解题答案，就很容易认为它一定是正确的。

当你已经将试卷做好了一遍（如果你有时间的话），试着诱导你的大脑用全新的眼光重新审视试题。眨眨眼睛，看看别处，试着让自己短暂地进入发散模式。然后按照跟刚才做题时不一样的顺序检查题目。如果可能的话，问问自己：“这个答案符合常识吗？”如果你刚才计算出你需要用 100 亿加仑的水来装满教室的水箱，那就肯定是出错了！

有时候你学得很努力，但考试就是不顺利。然而，如果你认真备考的话，幸运女神往往会向你微笑的。

暂停，回忆并反思

这一章的主要内容是什么？读完这一章后，你在准备考试时会跟以前有什么不同吗？

完成后在这个方框里打个钩：❑

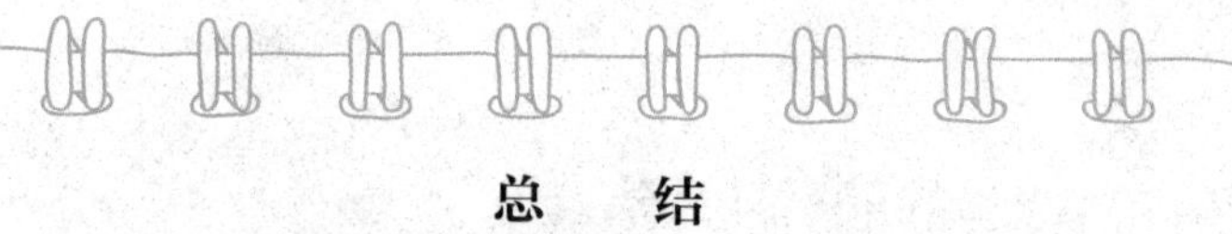

总 结

- 使用**备考清单**来确保你在用正确的方法为考试做准备。
- 使用**硬启动技巧**。如果你已经为考试进行了充分的复习，考试时就从一道难题开始做起。当你发现自己被卡住了，就放下这道题目，去做另一道更容易的题目。你可以稍后再回到这道比较难的题目上。这样做通常比在考试最后再对付难题更容易取得进展，因为那时候你的时间已经很少了。
- 当你感到兴奋或紧张时，你的身体会释放出化学物质。**如何解释自己的感受会造成很大的不同**。如果你把自己

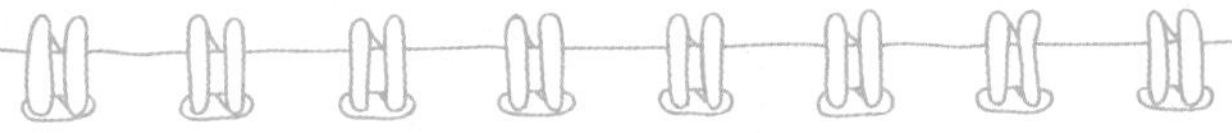

的想法从“这场考试让我害怕”转变成“这场考试让我很兴奋，我想要竭尽全力”，这可以提高你的表现。

- 如果你在考试前或考试中感到恐慌，就**用腹部做几次深呼吸**。
- **考试中很容易出错**。你的头脑可能欺骗你，让你认为你做的是正确的，哪怕你其实错了。这意味着，只要有可能，你应该眨眨眼睛，转移注意力，然后从全局的角度仔细检查你的答案，问自己：“这个答案合理吗？”试着按照跟第一次完成试题时不同的顺序检查这些题目。
- 无论你还要做其他什么事，都要在考试前尽可能**睡好觉**。

现在你来试试！ 自己出考题

备考的一个好方法是试着像老师一样思考。出一些你认为老师可能会考的题目。如果你愿意，试着和一个要参加同样考试的朋友一起做这个练习。你会感到惊讶，你出的题目与朋友出的题目会有那么多是一样的，更会让你感到惊讶的是，你出的题目在考试中竟会出现得那么频繁！

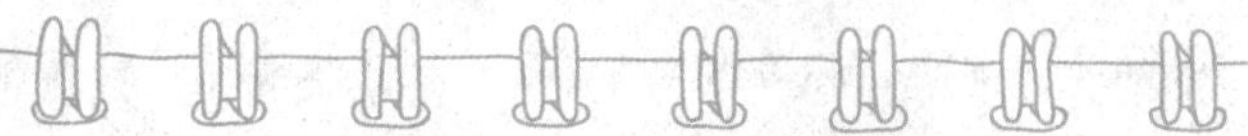

测试你的理解程度

1. 考试最重要的准备步骤是什么？（提示：如果你不采取这一步骤的话，那么其他事情就都不重要了。）

2. 当你使用硬启动技巧时，你怎么知道考试时应该在什么时候放下一道难题？

3. 如果你在考试前感到恐慌，描述两种能让你冷静下来的技巧。

4. 你可以用什么样的思维技巧来帮助自己在考试中发现错误答案？

（做完这些题目后，你可以把自己的答案和书后的答案进行比较。）

你已经对下一章进行过图文漫步了吗？已经准备好笔记本了吗？ □

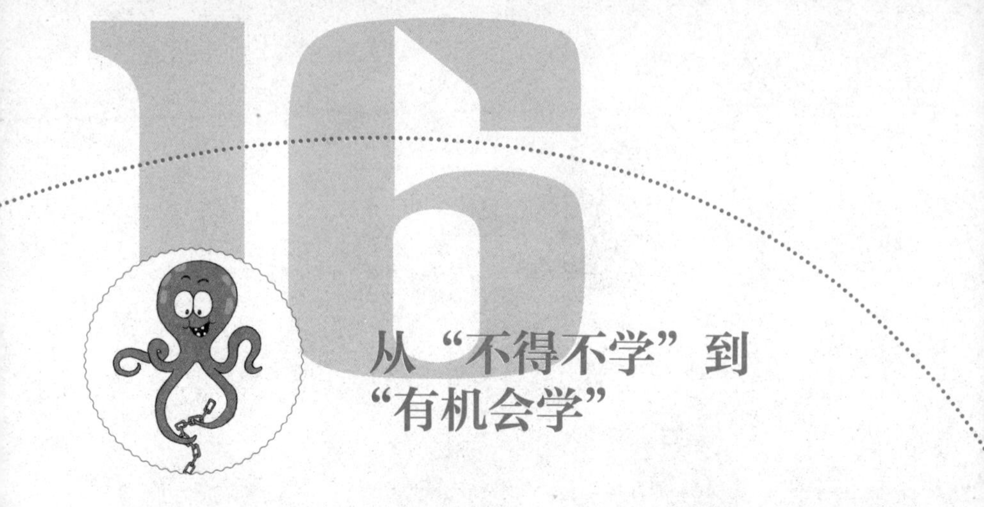

16 从“不得不学”到“有机会学”

还记得圣地亚哥·拉蒙－卡哈尔吗？那个成为神经科学家的“坏男孩”？我们告诉过你他不是天才，然而，他最终获得了诺贝尔奖。正如我们提到过的，圣地亚哥有时感觉很糟糕，因为他没法学得很快，而且他的记忆力也不太好。但最后，他发现自己有一些优势，这些优势有时帮助他比天才们做得更好。那么这些优势究竟是什么？[1]

我们很快就会讲到圣地亚哥的优势。同时，祝贺你！你已经认真了解完能够在今后的人生中对你有所帮助的关于学习的发现。你也已经忍受了很多荒唐的隐喻：四根触手的电子章鱼、玩弹球游戏的僵尸、你头脑森林中的老鼠、大脑链接、突触吸尘器……这一切就像是一个十足的卡通频道！

[1] 如果你的确是天才，你是否能找到一个办法来采纳圣地亚哥的一些方法？

我们是一个十足的卡通频道！

所以，干得好！你发挥想象力去学习了一些具有挑战性的科学。我希望所有这些隐喻都能对你有所帮助。

在这一章中，我想重温这本书中的主要经验。毕竟，你现在已经知道，重复是学习的关键之一。

但首先我想问你一个重要的问题。

这有什么意义？

真的。我是认真的。所有这些学习的意义何在？你为什么要煞费苦心呢？从某种角度看，我们只不过是这浩瀚得难以想象的宇宙中的一块石头上的一些微不足道的小不点。

在你继续往下读之前，我想让你试着回答这个问题：学习任何东西究竟有什么意义？试着用尽可能多的方式回答这个问题。目标是找到五个理由。给自己一些思考的时间。找到一个人，向他解释你的想法，并看看对方会怎么说。或者你可以试着把自己的想法写下来。至少，在脑海中想一想你的答案是什么。然后翻到下一页，看看别人可能会给出什么样的回答。

下面是人们对学习的“意义”可能发表的一些看法。

- 你不得不学习，否则你的爸爸妈妈不会让你出去玩。
- 你不得不学习，不然你的老师会让你放学后留校。
- 你不得不学习，因为法律是这样规定的。
- 你不得不学习，这样你才能毕业、上大学、找到工作。
- 你不得不学习，这样你就可以为自己的未来开启各种选项。
- 你有机会学习，这样你就能继续追求自己的爱好。
- 你有机会学习，这样你就能更多地了解宇宙的奥秘。
- 你有机会学习，这样你每周都可以让自己实现更多惊人的潜力。
- 你有机会学习，这样你就能帮助人类解决世界上的一些难题。
- 你有机会学习，因为你是一个好奇的人。

当然，还有其他可能的答案，但在某种程度上，以上答案都是正确的。

你注意到我在答案清单中间做了什么吗？我从“你不得不学

习”切换到“你有机会学习”。我把学习从一项义务、一件你别无选择的事情，变成了一种特殊的权利，也就是说，能够学习是你的荣幸。它既是义务也是权利。如果你不做家庭作业，放学后的确会被留校。所以，除非你喜欢被留校，这是一个做家庭作业的正当理由。但这并不是一个令人振奋的学习理由。当你能找到积极的理由让你对学习感兴趣，而不是为了仅仅逃避惩罚时，效果会更好。

能够学习很幸运！

我们发现自己身在这颗叫作“地球”的神秘的岩石星球上，处在一个特定的空间和时间里。在我们的头骨中，存在着宇宙中（或许是）最先进的技术。（除非还有比你我更聪明的外星人——这样的话，去了解他们也是一件非常有趣的事！）但是，如果不充分利用我们两耳之间这个最惊人的工具，岂不是对我们在地球上的岁月的最愚蠢的浪费？

你越早学会如何更有效地学习，你就越能在一生中享受它带来的好处。学习是一种特权。在世界上的一些地方，孩子们根本没有机会接触书籍、电脑或老师。我认为，为了那些没学上的人，我们应该充分利用我们的机会。我想鼓励你为了所有这些原因，以及更多其他的原因而学习。毕竟，正如特里所说，你永远也不会知道你的知识何时会派上用场。

学习如何学习，这样你就能追求自己的爱好。但是不要仅仅跟着自己的爱好走，那是我年轻时犯下的错误。你可以学习很多东西，这将打开你目前还无法想象的大门。拓展你的爱好——在你原先认为自己可以学习的东西之外，学习并享受新的科目。这样，无论生活将什么放在你面前，你都能让自己处在一个更有利的位置。世界正在迅速变化，而且甚至还会变得更快，学习如何学习是你所能拥有的最佳能力之一。

学习中该做什么和不该做什么

现在，继续讨论这本书中的主要经验。

你知道，回忆是最好的学习方法之一。所以，现在我要提出本章的第二个挑战，看看你能否将你心目中本书的主要经验列出来，这既可以包括能帮助你学习的经验，也可以包括能让你避免掉进陷阱的经验。

本书中你最喜欢的五个理念是什么？在你想出至少五个理念之前不要偷看下面的内容！如果你必须绞尽脑汁才能想出来，不要担心，你的注意力章鱼还没有频繁抓取过这些大脑链接，所以它只是在让自己习惯于这么做罢了。如果你所列的理念跟我的有一点儿不同，也不必担心，只要有一些关键点跟我是一样的就行，这才是最重要的。[㊀]

以下是我列出的书中一些能帮助你学习的最重要的理念：

（1）高强度的**专注**模式和放松的**发散**模式都要加以利用。如果你遇到了挫折，就该换个学习主题了，或者是进行一些体育运动！

（2）利用练习、重复和回忆来创建**大脑链接组**。练习解答一些重要的问题，这样你就能轻松地回忆起每一个步骤。解题方案、概念和解题技巧应该像歌曲一样在你的脑海中流畅地播放。

（3）**交叉学习**。不要一味地练习稍加变化的、相同的基本技巧。要在不同的技巧之间来回切换。这样你就能知道什么时候应该使用什么技巧。书本通常无法帮助你进行交叉学习。你必须自己练习在不同章节的内容之间来回跳转。

（4）**间隔安排你的学习**。把练习放在至少数天内进行，这可以让你的新突触有形成的时间。

（5）**运动**！运动能够滋养你的神经元，它还能让你长出新的

㊀ 你可以在以下网址找到"10 大有助于学习的理念和 10 大需要避免的陷阱"清单：https://barbaraoakley.com/books/learning-how-to-learn。

更强壮的突触。

（6）进行**自测**。让别人考你，教别人。所有这些都与回忆有关。测试和回忆是强化学习的最好方法。

（7）使用**有趣的图片和隐喻**来加快你的学习速度。开始使用记忆宫殿。

（8）运用**波莫多罗技巧**来培养专注和放松的能力。关闭所有让你分心的东西，把定时器设置为25分钟，专注地学习，然后奖励自己。

（9）**先吃青蛙。**一开始先去做最困难的工作，这样你要么可以完成它，要么可以休息一下，让你的发散模式帮助你。

（10）**在平时的课堂之外，积极寻找学习方法。**在网上寻找其他解释，阅读其他书籍，加入俱乐部。如果你找不到自己感兴趣的俱乐部，就试着自己建立一个。

以下是你在学习中需要避免的十个陷阱：

（1）**睡眠不足。**睡眠使你的大脑链接更牢固。它能冲洗掉你大脑中的毒素。如果你在考试前没能好好睡一觉，那么你所做的其他一切就都无关紧要了。

（2）**被动阅读和重读。**你需要练习主动回忆，而不仅仅是让你的视线扫过相同的材料。

（3）**强调标记或画线。**别犯傻了！仅仅是强调标记或画下大段课本内容并不会让你的头脑记住任何东西。你得针对你正在阅读的关键概念做简短的笔记。在书页边上或纸上记。这些笔记能帮助你创建关键概念的大脑链接。

（4）**偷看问题的答案并且认为自己已经理解了。**你需要自己解决问题。

（5）**填鸭式学习。**等到最后一分钟再学习是无法建立起牢固的大脑链接的。

（6）**惰性学习。**不要只是练习简单的材料。这就像通过专注于练习运球来学习打篮球一样。使用刻意练习技巧，即专注于练习你觉得最困难的部分。

（7）**忽视书本。**如果你在学习中要用到课本，记得在你开始之前，要先对课本或课堂笔记进行一次图文漫步。在试着解题之前一定要先读一读如何做题！

（8）**不去弄清楚你没理解的知识点。**你是不是只有几个地方没弄清楚？很可能这些正是考试中要考你的要点。一定要向老师或朋友求助。

（9）**分心。**学习时要找一个你可以集中注意力的地方。通常，比较好的做法是，把你的智能手机关掉，放在你够不着的地方。

（10）**和朋友们聊天，而不是和他们一起学习。**好的学习小组是帮助你学习的好途径，但是把大多数时间用来闲聊而非学习的“学习小组”并没有什么用处。

现在你来试试！你来当老师

分享你的学习所得——这是学习中最棒的环节之一！

我、特里和阿尔在这本书中已经尽量分享了我们的知识来帮助你更好地学习。现在轮到你了。

分享一些你在本书发现的关于学习的内容。你可以和朋友分享，或者是兄弟姐妹，或者是你们学校年级比你低的学生（较年幼的孩子喜欢向较年长的学生学习）。你甚至可以和父母、老师分享，告诉他们阿尔学习化学的感人故事！

画一些图画，创造有趣的故事，谈谈记忆宫殿技巧，解释神经元和大脑链接是什么以及它们为什么很重要。记住，每个人在学习中都会遇到困难。如果你找到了克服这些困难的方法，那就与大家分享吧！

通过教他们，你将更好地记住这些经验，而且当你这样做的时候，你会很开心。你可以在当老师的同时帮助他人！

回到圣地亚哥·拉蒙－卡哈尔这里来

圣地亚哥对神经元的研究使他有了一个重要发现，这既是关于天才的重要性的，也是关于看似更普通的人的重要性的。

圣地亚哥承认自己不是个天才。那么他使用了什么魔法？他为什么能够取得成功，在就连天才们也失败的领域做出了伟大的发现？这里有三个重要原因。

首先，圣地亚哥始终对于新的选择保持开放的态度。他最初的爱好是绘画，他从来没有放弃过艺术。当他决定学习科学时，他只是给自己的人生增加了某种新东西。渐渐地，科学也成为他的爱好。圣地亚哥之所以能够获得诺贝尔奖，是因为他在两个截然不同的领域开发出了自己的能力。他找到了一个办法，既能继续从事他心爱的绘画，也能把绘画应用到他的科学研究中。[1]

所以，在你的成长岁月中，要像圣地亚哥那样，不要将你的选择范围缩得过小，现在这个世界正变得越来越复杂，我们需要拥有更广泛的兴趣和技能的人。深入学习一个主题是很好的，但是要试着拓展你的兴趣爱好。如果你更擅长数学，那就去学习绘画、音乐和文学。如果你更擅长绘画、音乐或文学，那就去学一些数学和科学吧！你不必成为超级明星，你只需要打开那些可以在未来帮助你的门。下面这句话值得再三重复：你永远也不会知道你的知识何时会派上用场。

世界需要身怀数个截然不同的领域的专长的人。

第二，圣地亚哥很执着——他坚持不懈地做他想做的事情。当圣地亚哥决定开始学习数学时，他从基础课开始，慢慢地往上升级。这对他来说很难，但他一直坚持下去。当他决定要解决什么问题的时候，他会一直坚持下去、绝不松懈。执着是学习中最重要的元素之一。但是请记住，执着并不意味着无休无止地钻研某件事情，而是意味着在进行发散模式的休息后继续返回到你的工作中！

第三，圣地亚哥很灵活。超级聪明的学习者太习惯于正确了。正确的感觉很好，但是这种感觉也容易让人沉溺其中。[2] 圣地亚哥看到一些超级聪明的学习者很快就会贸然下结论。（毕竟，他们有着"赛车"般的头脑）可如果他们的结论是错误的，他们却很难承认。他们甚至可能故意避免发现自己是否错了。因为所有这一切都比承认自己或许错了感觉要更好。他们可能陷入关于正确性的“车辙思维”中。

圣地亚哥不是天才，所以他做了很多练习来纠正他的错误。后来，在他成为一名科学家之后，他积极地寻找方法来确定自己究竟是对还是错。如果他错了，他就会改变自己的想法。他之所以能够取得突破性发现，从而荣获诺贝尔奖，这是一个重要因素。

我们并不都需要或是想要赢得诺贝尔奖，但我们可以从圣地亚哥的例子中发现一些有价值的东西。学习的一个最重要的因素就是能够承认错误，并且灵活地改变自己的想法。如果你能学会做到这一点，你就有潜力做出贡献，甚至超过一些最聪明的天才。

如果你就像我们大多数人一样，并不是个天才，这没有关系。你仍然有很多东西可以给予这个世界。不管你现在有多聪明，你都可以用这本书中的策略为自己和他人开启新的大门。

有时候，学习的旅程似乎是孤独的，但你永远不会是一个人。在你的脑海中，你可以看到特里、阿尔和我正陪着你，在你的思维老鼠路径上大步迈进，在你学习的时候为你加油。我们这本书展示了那些神奇而伟大的研究者的工作成果，他们的发现是如此有用，能够帮助你过上更幸福、更有意义的人生，里面充满了发现的喜悦。

我、特里和阿尔祝愿你的学习之旅一帆风顺。记住：幸运女神青睐努力的人！

章末问题解答

第 2 章　举重若轻

1. 处在专注模式中意味着你正在密切关注某样东西。
2. 发散模式意味着你的思维在自由游荡，没有特别专注于任何特定的事情。你最喜欢进行何种发散模式活动是由你自己决定的！
3. 弹球游戏机能够帮助你理解大脑的工作方式。你可能拥有两种不同类型的弹球台。你可能有一台游戏机，上面的橡皮缓冲器排列间隔很紧凑。这种紧密的布局酷似你处在专注模式中时注意力非常集中的思考方式。但你也可能有一个不同的弹球台，上面的橡皮缓冲器间隔较远。这就像在发散模式中，你的思考范围要广阔许多。如果你不用挡板来保持注意力，思维弹球就可能从专注弹球台上的洞掉到发散弹球台上！
4. 这里有一些关于专注和发散模式的其他隐喻：[1]

   在足球比赛中：

   - 比赛中的裁判员是专注模式。
   - 比赛中的评论员是发散模式。

在谷歌地图上：

- 放大就像专注模式。
- 缩小就像发散模式。

为了找到路，你得在放大和缩小之间来回切换。

在花园里：

- 专注模式就像在冬末仔细地安排间隔、种下种子。
- 发散模式就像春天，因为天气、鸟和昆虫的缘故，花园里出现各种意想不到的惊喜。

5. 在解数学或科学题时，你可能会以两种方式陷入困境。第一，在开始解题前，你在学基础知识时不够专注努力。当这种情况发生时，你需要回到书本或笔记上去理解这些基础知识。第二，你在学习基础知识时已经足够努力了，但是当你陷入困境时你还没有休息过。当你陷入困境时，休息一下有助于你的发散模式在你意识不到的情况下在大脑后台工作。
6. 要改变什么学习习惯是由你自己决定的！

第 3 章　我等一下会做的，真的！

1. 拖延是指耽搁或推迟你应该做的事情。

2. 拖延对你的学习有害，因为它会使你没有时间去好好学习，而且你会消耗精力去担心它。这是一种双输的局面。
3. 去想你不喜欢或不想做的事情会激发岛叶皮质，这会引起一种痛苦的感觉。为了摆脱痛苦的感觉，我们可能会把注意力转移到更令人愉快的事情上面，这时大脑中的痛苦会立刻消失——但实际上我们只是在拖延而已。
4. 这个解释得由你自己完成！
5. 奖励是做波莫多罗的过程中最重要的一个环节。
6. 在两次波莫多罗之间的休息中，试着做一些要用到大脑不同区域的事情。如果你刚刚一直在写一份报告，那就别在社交媒体上写帖子了。最好的休息是站起来四处活动一下。
7. 如果你在做波莫多罗期间碰巧完成了一项任务，这很好。但是波莫多罗的关键不在于完成任务，而在于尽可能专注地工作 25 分钟。
8. 僵尸模式是一种很棒的节省精力的方法。事无巨细都要考虑一下，这会是对脑力的一种不当使用。
9. 虽然僵尸模式可以帮助节省精力，但是它也可能让你陷入坏习惯之中。你会喜欢做一些更令人愉快的事情，而不是那些需要做的事情。换句话说，僵尸模式可能导致拖延。
10. 吃砒霜的人习惯了吃砒霜，并没有意识到这正在伤害他们。同样地，我们也可能习惯于拖延，而没有意识到它对我们有多大伤害。
11. 主动回忆意味着从你自己的头脑中提取关键信息，而不是去看书或是笔记。主动回忆的一个方法是读一页书，然后不要看它，看看你是否能回忆起该页的主要内容。

第 4 章　大脑链接以及与外星人同乐

1. 从一些神经元发送到其他神经元的信号形成了你的思想。
2. 这道题得由你自己来做。
3. 轴突电击树突棘。换言之，一个信号会从一个神经元的轴突传递到下一个神经元的树突棘上。
4. 当一个隐喻被打破，变得不再恰当时，你就再找一个新的隐喻。
5. 20 世纪初的显微镜跟我们今天所使用的显微镜相比，精度不是很高。那时候的科学家认为，人的大脑是一整张相互连接的巨大网络，这是因为神经元彼此非常接近，以至于他们看不到它们之间存在着微小的间隙，也就是突触间隙。
6. 大脑链接组是指一组通过反复使用突触连接而相互连接起来的神经元。大脑链接是在你学习新事物时，随着你的反复练习而产生的。
7. 老鼠沿着森林小径奔跑，就像思想沿着神经元和突触奔跑一样。老鼠沿着小径奔跑的次数越多，路径就会越深越宽。以此类推，你对一个理念思考得越多，它的神经通路就会变得越厚、越宽，大脑链接就会变得越强大。

8. 当你学习新事物时，你的大脑中会形成一组新的链接（突触或树突棘）。（这些答案中的任何一个都对。）

第 6 章　在睡眠中学习

1. 说到学习，睡眠很重要，因为新的树突棘及其突触链接正是在这个时候真正“冒出来”并迅速长大的。大脑也是在睡眠中演练你所学到的信息的。在睡眠中，大脑演练时所产生的电子信号是树突棘及其突触链接生长如此迅速的部分原因。
2. 树突棘就像测谎仪，因为只有当你真正专注于你想要学习的新信息时，新的树突棘和它们的突触才会生长——它们知道你什么时候没在集中注意力！
3. 当你练习一个新知识时，相关的突触就会变得更强大。
4. 如果你把学习间隔安排在若干天里，你就有更多的时间培养树突棘和它们的突触链接。你的神经结构会变得更强大。
5. 试一试吧！
6. 这道题得由你自己来做！

第 7 章　书包、储物柜和你的注意力章鱼

1. 你的工作记忆就像一个书包，因为它就在手边，但是只能容纳

有限的信息。

2. 你的注意力章鱼（你的工作记忆）“住”在你的前额叶皮质。
3. 人的工作记忆通常能保存大约四条信息。然而，有些人能够保存超过四条信息，有些人则少于四条。
4. 你的长时记忆就像一个储物柜，因为它可以容纳更多“东西”。事实上，由于它可以容纳的东西太多，所以有时候很难找到某条特定的信息！
5. 你的长时记忆散布在大脑的不同区域。

第 8 章　增强记忆力的巧妙方法

1. 更好的长时记忆绝对是可以培养出来的。（不过，目前我们尚不知道该如何改善短时记忆。）为了改善长时记忆，你可以使用尼尔森·德里斯的五个记忆窍门（专注、练习、图像、存储和回忆）。你还可以使用记忆宫殿技巧、歌曲、隐喻、记笔记、教别人，或者想象自己就是你试图记住或理解的东西。
2. 记忆宫殿技巧意味着想象一个你很熟悉的地方，比如说你的家、你上学的路线，或者是你住的城镇、州或国家的地图。然后你将自己想记住的事实转换成一些令人难忘的形象。接下来，把这些形象存放在记忆宫殿里熟悉的地方。最后，练习回忆这些形象及其所代表的意义。

3. 我们以两种方式将信息储存在长时记忆中。事实很难储存，但图像却很容易储存。
4. 为了使某个形象被记得更牢，要把它想象得古怪而令人难忘，并添加一些动作。金刚（King Kong）在壶（pot）上玩呼啦圈或许可以帮助你记住字母 K 是钾元素（potassium）的缩写。

第 9 章　为什么大脑链接很重要

1. 大脑链接很重要，因为它们可以让你更快地处理信息，有了它们，你的注意力章鱼就不需要做所有的工作了。
2. 你的“注意力章鱼”是对你的注意力和工作记忆系统的隐喻。它只有四根触手，所以只能容纳数量有限的信息。它可以把触手伸进长时记忆中，并将信息从那里直接调取到工作记忆中。
3. 穿衣服是大脑链接过程的一个很好的例子。当你第一次学习自己穿衣服时，有时需要五分钟或更长时间。（哎呀，衬衫里外、前后都穿反了！）但现在你已经建立了穿衣服的“链接”，通常只需要一分钟就能穿好。

   你可能对一个代数问题了解得非常透彻，所以你可以积极地回忆起每一个步骤。或许你还能想到更多例子，说明你在体育、手工、数学、科学、舞蹈、语言及许多其他领域链接好的技能、技术和概念。即使是识别字母“a”这样一种简单的能力也是一组链接，而识别单词“cat”（猫）则是一组更大的链接。

4. 电视，或是其他背景噪声，可能让注意力章鱼分心。这占用了它的一根或多根触手，使你更难以充分利用你的工作记忆。
5. 你应该避免任务切换，因为这会给你的注意力章鱼带来很多额外的不必要的工作。例如，你的章鱼可能正在使用一组大脑链接，然后，它不得不切换到另一组大脑链接上，接着再回到第一组链接上。这种事情真累人！
6. 做家庭作业时，你可以把手机放在你看不到的地方。如果你不断地看手机，就会扔下大脑链接，然后又必须重新拾起来。还有一个办法，就是与你的手机交朋友，用上面的程序来帮助自己做波莫多罗。
7. 不，仅仅理解一个概念尚不足以建立一个大脑链接组。要创建链接组，你必须对新概念加以练习。理解与练习相辅相成。你练习得越多，对你所学的东西理解就越深刻。
8. 通过建立大脑链接库，你可以成为任何事物的专家。
9. 如果我需要从火灾中获救，我会选择一位曾经亲身练习过从燃烧的建筑物中救人的消防员。消防是一项危险的活动，分秒必争。消防员必须能够对周围瞬息万变的危险迅速做出适当的反应。消防员需要非常熟练的大脑链接组，即使在压力很大的时候，也可以运用自如。这样的链接组仅靠观看视频是建立不起来的。

第 11 章　如何鼓励你的大脑

1. 海马体对帮助你记住事实和事件尤为重要。
2. 你的大脑就像一支篮球队，因为每年都有新球员进来，有老球员离去，而新队员会学习新技术。同样地，每天都有新神经元在海马体中诞生，它们能帮助你学习“新技术”。
3. 当大脑中被加入脑源性神经营养因子时，树突棘会长得又高又粗。
4. 运动有如下作用：

    - **帮助你的大脑制造脑源性神经营养因子，**它就像是一种能帮助神经元生长的肥料。
    - **改善你的理解力、决策力和专注力。**
    - 帮助你**在任务之间进行切换。**
    - 帮助人们从精神疾病中**康复。**
    - **释放能帮助你产生新想法的化学物质。**

5. 类似洋葱和卷心菜这样的蔬菜、各种颜色的水果、黑巧克力和坚果都是健康饮食的好选择。

第 12 章 建立大脑链接

1. 拼图游戏是关于我们如何拼凑概念的一个很好的隐喻，因为每一块拼图碎片都像一组大脑链接。用这一大脑链接组进行练习会使拼图碎片上的颜色呈现出来。当我们拼好足够多的拼图碎片（大脑链接）时，我们就成了专家！
2. 交叉学习就像随机洗一副纸牌。洗牌意味着任何一张牌都可能出现在你的面前。如果你通过交叉学习来练习一门科目，你就可以为任何情况做好准备。这有助于你更好地应付考试中出现的意想不到的问题。
3. 惰性学习指你只练习对你来说容易的事情，或者是你已经学会的东西。
4. 超人会说，我永远也无法在学习中取得巨大的飞跃！
5. 关于学习数学、科学和其他抽象科目的特别建议是这样的。首先，找到一个问题；然后亲自多次解决那个问题，次数多到它会像一首歌曲那样在你的脑海中流畅播放。

第 13 章 问自己重要的问题

1. 喧闹的音乐很可能会干扰你的学习，但有些人发现没有歌词、安静的音乐对学习有帮助。不同的人在学习时喜欢听不同类型的音乐，也有些人根本不喜欢听音乐。这取决于你自己。

2. 如果你通常在一个场所学习，然后在另一个场所参加考试，那么你的注意力章鱼就可能感到困惑。如果你能够在不同的场所学习，你就会习惯于在任何地方连接上你的大脑链接。
3. 如果你认为你只能通过听（“听觉”）来学习，那么你就会逃避其他的学习方式，例如形象化学习。这会导致你的整体学习受到不利影响。其实，利用尽可能多的感官来学习，对每个人来说都是效果最好的学习方式。
4. 你可以看一个公式，你可以大声朗读公式，这样，你既可以听到它，也可以感觉到你嘴里发出的声音。试着向两侧展开手臂，想象一下公式的一边在一只手上，另一边在另一只手上。(感觉如何？公式是否“平衡”？）看看你是否能为数学符号想象出具体的意义。例如，有时候乘法符号看上去就像在推东西。所以如果你用一个更大的数字做乘法时，你就是在更努力地推！
5. 当你入睡时，你的脑细胞会收缩，这样颅内的液体就能够冲去大脑中的毒素。
6. “先吃青蛙”的意思是，试着先去做最困难的事情。这样，一旦你陷入困境，需要发散模式给予你创造性的启发，你就能有时间暂时切换到其他科目上了。
7. 制定一个严格的学习终止时间，这有助于你在学习时更有效地集中注意力。

第 14 章　学习中的惊喜

1. 动作和空间视频游戏有助于改善你的思维。动作视频游戏有助于改善你的注意力和视力。空间视频游戏能提高你在脑海中旋转物体的能力。
2. 视频游戏的缺点是它们会让人上瘾，所以使用时应该适度。
3. 记笔记的基本理念是从你所听到的内容中找出要点，这样你就可以回顾并加强大脑链接。记笔记的最佳方式是手写。把一页纸分成两部分，其中一部分用于做初步笔记，等到了复习和主动回忆要点的时候，在另一部分做更简要的笔记。
4. “车辙思维”意味着你的头脑已经习惯于沿着某些思维通路奔跑，以致陷入了思维套路之中。这时你的思维已经变得不那么灵活了。
5. 为了更有创造性、在自己喜欢的事情上变得更在行，你应该花点时间去做一些截然不同的事情。这有助于保持你的思维灵活性，让你更具有创造力。通过使用隐喻，你可以把一个科目的知识运用到另一个科目中，即使它们是截然不同的科目！
6. 迁移指将在一门科目中学到的知识用来帮助自己学习另一门科目的能力。隐喻有助于实现这一过程。
7. 糟糕的工作记忆意味着你的注意力章鱼身上的触手比较少，因此，你很难将复杂的知识牢记在心。你必须为一些知识创造链接，这样才能运用它们。但是链接的过程简化了你的知识，从而让你获得别人或许会错过的简洁而巧妙的领悟和解决方案。此外，一些想法很容易从你的章鱼的触手中溜走。然而，当一些想法溜走时，其他想法就会冒出来。这能让你变得更有创造力。你是不是必须比别人更努力地学习和链接信息？对，但这种交换物有所值！

8. 无论你是学得快还是学得慢，许多技能和科目都是可以学好的。比如，你学骑自行车的时间可能比别人要长，但是你仍然可以学会熟练地骑自行车。你学习乘法的时间可能比较长，但是你仍然可以做乘法运算。你可能需要花两倍（或更多）的时间来记住某种植物各部分的名称，但你仍然可以记住这种植物各部分的名称。

第 15 章　如何在考试中取得好成绩

1. 考试前最重要的环节是确保自己睡个好觉。
2. 在硬启动技巧中，当你被一道难题卡住并开始变得沮丧时，你就应该把它放下了。
3. 当你在考试前感到害怕时，就练习腹部深呼吸。此外，把你的想法从“这场考试让我害怕”转变成“这场考试让我很兴奋，我想要竭尽全力”！

4. 为了在考试中检查出错误的答案，你可以眨眨眼睛，转移一下注意力，然后从全局的角度再次检查你的答案，问自己：“这个答案真的合理吗？”试着按照跟第一次完成试题时不同的顺序检查这些试题。

推荐资源

这里有一些有价值的资源，可以为本书中所讨论的许多主题提供新视角。

网络资源

- Khan Academy（可汗学院）。这是一个非常好的资源。在观看过每一部视频后，你越是积极练习，效果就越好！

  https://www.khanacademy.org
- Smartick。该程序旨在通过合理的练习为数学打下坚实的基础。如果你在数学方面有困难，这是一个很好的资源。如果你数学学得很好，那么这个资源将帮助你更上一层楼。

  https://www.smartickmethod.com
- BrainHQ（大脑总部）。这是为数不多的、有合理的科学依据支持其主张的“认知改善”项目之一，它尤其有助于老年人改善他们的注意力和关注力。如果你的爷爷奶奶正在抱怨自己开始老糊涂了，那么这个程序最适合他们了！

https://www.brainhq.com/

- Frontiers for Young Minds（**青年思想前沿**）。面向儿童的科学，由儿童们编辑。这是一本由科学家撰写、由一群儿童和青少年审核的开放获取型科学杂志。

  https://kids.frontiersin.org/

- The Queensland Brain Institute（**昆士兰大学脑研究所**），该机构提供卓越的专题特写、播客和杂志。

  https://qbi.uq.edu.au/

- BrainFacts.org（**大脑事实**）。一家卓越的网站，提供关于大脑如何运作的各种信息。

  http://www.brainfacts.org/

- The Nervous System，Crash Course（**神经系统速成课**）。既有趣又长见识。

  https://www.youtube.com/watch?time_continue=113&v=qPix_X-9t7E

- “5 Memory Tips to Get You Started”（**5个助你起步的记忆窍门**），作者：尼尔森·德里斯。四次美国记忆大赛冠军尼尔森提供了一系列出色的记忆窍门视频——这一部非常适合帮助你起步。参见尼尔森的著作《记住它!》(*Remember It!*)第 219 页。

https://www.youtube.com/watch?v=bEx60e_45-Q

- **“Learning How to Learn: Powerful Mental Tools to Help You Master Tough Subjects”(学习如何学习:帮助你掌握困难科目的强大大脑工具)**,由芭布·奥克利和特伦斯·谢诺夫斯基通过加利福尼亚大学圣地亚哥分校提供的大规模开放性在线课程。

  https://www.coursera.org/learn/ learning-how-to-learn

- **“Mindshift: Break Through Obstacles to Learning and Discover Your Hidden Potential”(思维转换:突破学习障碍,发现你隐蔽的潜能)**,由芭布·奥克利和特伦斯·谢诺夫斯基通过加利福尼亚大学圣地亚哥分校提供的大规模开放性在线课程。

  https://www.coursera.org/learn/mindshift

适合青少年阅读的有关大脑的书籍

- *My First Book About the Brain*(《我的第一本关于大脑的书》),Patricia J. Wynne and Donald M. Silver (New York: Dover Children's Science Books,2013),32 页。

这本获奖填色图书的信息是如此丰富，以至于被一些常规课堂所采用。它适合 8 ～ 12 岁的儿童，但成年人在学习时似乎也能享受填色的放松过程。

- *The Brain: All About Our Nervous System and More!*（《大脑：关于神经系统的一切，以及更多！》），Seymour Simon (New York: Harper Collins，2006)，32 页，适合 6 ～ 10 岁儿童。书中有用放射扫描仪拍摄的彩色图像，有关于长时和短时记忆、神经元、树突等的讨论。
- *What Goes On in My Head?*（《我的头脑中发生了什么？》），Robert Winston (New York: DK Publishing，2014)，96 页，适合 9 ～ 13 岁儿童。一本五颜六色的图书，可以“帮助你专注地探究大脑是如何工作的”。

针对学习障碍人群的基于神经科学的顶级项目

目标人群包括阅读困难人士和有阅读障碍、听觉处理失调、自闭症谱系障碍及其他更普遍学习障碍的患者

- https://www.scilearn.com，特别推荐他们的“Fast ForWord”（语言快进）和“Reading Assistant”（阅读助手）软件。

基于神经科学的英语学习者项目

- https://www.scilearn.com，特别推荐他们的“Reading Assistant”（阅读助手）软件。（他们在全世界有很多项目和中心。）

适合成年人阅读的关于学习的书籍

- *The Art of Changing the Brain: Enriching the Practice of Teaching by Exploring the Biology of Learning*（《改变大脑的艺术：通过探究学习的生物学原理来丰富教学实践》），James E. Zull (Sterling，VA: Stylus Publishing，2002)。
- *The Art of Learning: An Inner Journey to Optimal Performance*（《学习的艺术：最佳成绩的内在旅程》），Josh Waitzkin (New York: Free Press，2008) 。
- *Deep Work: Rules for Focused Success in a Distracted World*（《深度工作：如何有效使用每一点脑力》），Cal Newport (New York: Grand Central Publishing，2016)。学习往往需要有高度的专注力，Cal 的著作在这一方面提供了非常棒的理念。

- *I Am Gifted, So Are You!*（《我是学习天才，你也是！》），Adam Khoo (Singapore: Marshall Cavendish，2014)。我们喜欢Adam本人的故事和他务实的洞察力。
- *Make It Stick: The Science of Successful Learning*（《记住它：成功学习的科学》），Peter C.Brown，Henry L. Roediger Ⅲ，and Mark A. McDaniel (Cambridge，MA: Harvard University Press，2014)。我们最喜欢的针对成年人的学习书籍之一。
- *A Mind for Numbers: How to Succeed in Math and Science (Even If You Flunked Algebra)*（《学习之道》），Barbara Oakley (New York: Tarcher/ Penguin，2014)。虽然我们使用了这个标题，但这本书其实是一本很棒的关于学习的一般性书籍。它包含了本书中的某些理念，但却是从成年人的角度来讲述的，其中还补充了许多见解。
- *Mindshift: Break Through Obstacles to Learning and Discover Your Hidden Potential*（《思维转换：突破学习障碍，发现你隐蔽的潜能)》），Barbara Oakley (New York:TarcherPerigee，2017)。这本书探讨了如何通过学习来改变自己——有时候超过了你的想象！

- *Peak: Secrets from the New Science of Expertise*（《刻意练习：如何从新手到大师》），Anders Ericsson and Robert Pool (New York: Eamon Dolan/Houghton Mifflin Harcourt，2016)。顺便说一下，Anders 所说的“心理表征”类似于我们在本书中所说的“大脑链接组”。
- *Remember It! The Names of People You Meet*，*All Your Passwords*，*Where You Left Your Keys*，*and Everything Else You Tend to Forget*（《记住它！你认识的人的名字，你的所有密码，你把钥匙放在哪儿了，以及所有其他你容易忘记的事情》），Nelson Dellis (New York: Abrams Image，2018)。针对成年人的关于记忆力培养的最佳书籍之一。

图片出处说明

- Barb Oakley，作者：Rachel Oakley，由 Barbara Oakley 提供。
- Terrence Sejnowski，由索尔克研究所和 Terrence Sejnowski 提供。
- Alistair McConville，作者：Sarah Sheldrake，由 Alistair McConville 提供。
- Barb Oakley 和羊羔“伯爵”，由 Barbara Oakley 提供。
- Phil Oakley 在南极，由 Philip Oakley 提供。
- Iliriana Baftiu 在做图文漫步，© 2018 Bafti Baftiu 版权所有。
- Magnus Carlsen 和 Garry Kasparov，图片由 CBS 新闻提供。
- 斋浦尔纳拉亚纳综合医院核磁共振成像扫描仪，作者：George Williams 21，https://commons.wikimedia.org/wiki/File:MRI_Scanner_at_Narayana_Multispeciality_Hospital,_Jaipur.jpg。

- 脑核磁共振成像矢状面图，作者：英文维基百科的 Genesis12~enwiki，https://commons.wikimedia.org/wiki/File:Sagittal_brain_MRI.jpg。
- 专注模式中的 Iliriana Baftiu，© 2018 Bafti Baftiu 版权所有。
- 发散模式中的 Iliriana Baftiu，© 2018 Bafti Baftiu 版权所有。
- 硬币金字塔，由作者提供。
- Iliriana Baftiu 似乎遇到了挫折，© 2018 Bafti Baftiu 版权所有。
- 波莫多罗定时器，作者 Francesco Cirillo，由 Erato 依据所列许可证法律上传，http://en.wikipedia.org/wiki/File:Il_pomodoro.jpg。
- Iliriana Baftiu 在放松，© 2018 Bafti Baftiu 版权所有。
- 公共区域图片，作者：Douglas Myers，https://commons.wikimedia.org/wiki/File:EEG_cap.jpg。
- 创作者：Der Lange，由其本人于 2005 年 6 月 11 日上传到德文维基百科，https://commons.wikimedia.org/w/index.php?title=File:Spike-waves.png。
- Santiago Ramón y Cajal 在西班牙萨拉戈萨（1870 年前后），https://commons.wikimedia.org/wiki/File: Santiago_

Ram%C3%B3n_y_Cajal,_estudiante_de_medicina_en_Zaragoza_1876.jpg。

- 少年时代的 Alistair McConville。照片由 Alistair McConville 提供。
- Alistair McConville 和学生们在一起，作者：Sarah Sheldrake，由 Alistair McConville 提供。
- Alistair McConville 和“紫罗兰”，摄影：Sarah Sheldrake，由 Alistair McConville 提供。
- Guang Yang 的照片，由 Guang Yang 和纽约大学 Langone 健康医疗中心提供。
- 由原始图像改变的神经元倒置光学显微镜图像，由 Guang Yang 提供。
- 图片出处：由 Amiya Sarkar 根据髌腱反射示意图修改而成（CCBY-SA4.0）；修改后的图片拥有 CCBY-SA 4.0 许可证，来自 https://www.khanacademy.org/science/biology/behavioral-biology/animal-behavior/a/innate-behaviors。
- 砖墙，© 2014 Kevin Mendez 版权所有。
- Iliriana Baftiu 在使用回忆法，© 2018 Bafti Baftiu 版权所有。
- 人脸拼图游戏，© 2014 Kevin Mendez 版权所有。
- Nelson Dellis 的照片，由 Nelson Dellis 提供。

- 按照苯环排列的猴子，摘自 *Berichte der Durstigen Chemischen Gesellschaft* (1886) (《饥渴化学协会报告》)，第 3536 页。
- 传统的苯环，修改自 http://en.wikipedia.org/wiki/File:Benzene-2D-full.svg。
- Tom Morris，https://en.wikipedia.org/wiki/Rubber_duck_debugging#/media/File:Rubber_duck_assisting_with_debugging.jpg。
- Rachel Oakley 学习倒车，© 2018 Philip Oakley 版权所有。
- Rachel 轻松倒车，© 2018 Philip Oakley 版权所有。
- Terry 和无线电俱乐部成员在一起，照片由 Terrence Sejnowski 提供。
- Terry 和无线电俱乐部成员一起调整无线电天线，照片由 Terrence Sejnowski 提供。
- Terry 在普林斯顿，照片由 Terrence Sejnowski 提供。
- 今天的 Terry，在索尔克研究所，© 2014 Philip Oakley 版权所有。
- Julius Yego，摄影：Erik van Leeuwen，版权所有人：Erik van Leeuwen (bron: Wikipedia)，来源：erki.nl，GFDL，https://commons.wikimedia.org/w/index.php?curid=42666617。

- Https://commons.wikimedia.org/wiki/File: Hippocampus_and_seahorse_cropped.JPG。
- “基于BDNF的突触修复”图片，承蒙Bai Lu惠准，依照“BDNF-based synaptic repair as a disease- modifying strategy for neurodegenerative diseases”（基于BDNF的突触修复作为神经退行性疾病的疾病调修策略），*Nature Reviews Neuroscience*（《自然评论·神经科学》）14，401-416 (2013)。
- “野马”车中的男人拼图游戏，部分已完成，图片 © 2014 Kevin Mendez 和 Philip Oakley 版权所有。
- “野马”车中的男人拼图游戏，大部分已完成，图片 © 2014 Kevin Mendez 和 Philip Oakley 版权所有。
- “野马”车中的男人拼图游戏，画面模糊且部分已完成，图片 © 2014 Kevin Mendez 和 Philip Oakley 版权所有。
- Benjamin Franklin，作者：Joseph Siffred Duplessis，国家肖像美术馆，史密森学会，莫斯利和格温多琳·卡夫里茨基金会的礼物，http://npg.si.edu/object/npg_NPG.87.43。
- 美术纸大脑链接，©2018 Zella McNichols 版权所有。
- Al 和他的儿子 Jacob 玩视频游戏，摄影：Sarah Sheldrake，

由 Alistair McConville 提供。

- Elena Benito 在开赛格威代步车，照片由 Elena Benito 提供。
- 硬币排列答案，图片由作者提供。

其他所有插图由 Oliver Young创作。

鸣谢

我们想感谢企鹅出版社的编辑 Joanna Ng，她是一名优秀的编辑，使我们这本书变得格外出色。我们的作品经纪人 Rita Rosenkranz 为我们提供了卓越的支持和指导。Adam Johnson 为本书（英文版）设计了精美的封面。Sheila Moody 是很优秀的文字编辑。Sabrina Bowers 提供了极佳的版面设计。我们还要感谢 Marlena Brown 和 Roshe Anderson 在宣传和营销方面提供了充满智慧的支持。

我们还对以下各位的帮助充满了感激（如有遗漏，敬请原谅）:

Unas 和 Ahmed Aamir；Ben、Maureen、Cooper 和 Crash Ackerly；Cathi Allen；Arden 和 Eileen Arabian；Bafti 和 Iliriana Baftiu；Maliha Balala、John Becker、Robert Bell、Elena Benito、Pamela Bet、Annie Brookman-Byrne；Keith Budge 和比得莱斯学校；Paul Burgmayer 和学生们；Christina Buu-Hoan、Kailani 和 Gavin Buu-Doerr；Meigra 和 Keira Chin；Romilly Cocking、Ruth Collins、Christine Costa、Massimo Curatella、Andy Dalal；Simon 和 Nate Dawson；Yoni Dayan、Javier DeFelipe、Pablo Denis、Sudeep Dhillon、Melania Di Napoli、Matthieu Dondey；Catherine Dorganand 和家人；

Susan Dreher、Dina Eltareb、Richard Felder；Jessica Finnigan 和家人；Shamim Formoso 和学生们；Jeffrey Frankel、Beatrice Golomb、Jane Greiner；Maureen Griffin 和学生们；Tarik Guenab、Gary Hafer、Greg Hammons、Paula Hoare、Richard Hypio；Shaju 和 Isabella Jacob；M. Johnson；Karine Joly 以及她的儿子 Horatio 和 Valerius；Jonneke Jorissen、Kalyani Kandula、Sahana Katakol；Tanya 和 Laura Kirsch；Jake Kitzmann、Cristina Koppel、Barbora Kvapilová、LoiLaing、Aune Lillemets、Susan Lucci、Beate Luo；Jennifer 和 Matthew Mackerras；Genevieve Malcolm、Kyle Marcroft；Anaya、Nafisa 和 Mohamed Marei；Max Markarian、David Matten；Susan Maurice 和学生们；Jo、Lulu、Ewan 和 Jacob McConville；Zella 和 Jeremiah McNichols；Jim Meador、Jill Meisenheimer、Gerry Montemayor、Mary Murphy、Aleksandra Nekrasova、Patricia Nester、Michael Nussbaum；Philip、Roslyn 和 Rachel Oakley；Jennifer Padberg、Saadia Peerzada、Violeta Piasecka、Michael Pichel、Jocelyn Roberts、Rev. Dr. Melissa Rudolph、Dennis Ryan、Leslie Schneider、Grace Sherrill、Julia Shewry、Maya Sirton、Vince Stevenson、Ray Symmes、Jimi Taiwo、Lauren Teixeira、Louise Terry、Barbara Tremblay；Donna 和 Hannah Trenholm；Bonny Tsai、Bonnie Turnbull；Robert Van Til 和奥克兰大学；Vickie Weiss 和学生们；Alan Woodruff、Arthur Worsley、Julia Zanutta，以及“紫罗兰”（小狗）。

参考文献

我们在这里提供了一些最重要的资料的参考文献，以便你能够理解好的参考文献是什么样的。如果你想了解更多信息，请参阅芭布的专著《学习之道》(*A Mind for Numbers*，Tarcher/Penguin，2014）和《思维转换》(*Mindshift*，TarcherPerigee，2017）中更完整的参考文献。

Anacker, C, and R Hen. "Adult hippocampal neurogenesis and cognitive flexibility linking memory and mood." *Nature Reviews: Neuroscience* 18, 6 (2017): 335–346.

Anderson, ML. *After Phrenology: Neural Reuse and the Interactive Brain*. Cambridge, MA: MIT Press, 2014.

Anguera, JA, et al. "Video game training enhances cognitive control in older adults." *Nature* 501, 7465 (2013): 97–101.

Baddeley, A, et al. *Memory*. New York: Psychology Press, 2009.

Bavelier, D, et al. "Brain plasticity through the life span: Learning to learn and action video games." *Annual Review of Neuroscience* 35 (2012): 391–416.

Beilock, S. *Choke: What the Secrets of the Brain Reveal about Getting It Right When You Have To*. New York: Free Press, 2010.

Belluck, P. "To really learn, quit studying and take a test." *New York Times*, January 20, 2011. http://www.nytimes.com/2011/01/21/science/21memory.html.

Bird, CM, et al. "Consolidation of complex events via reinstatement in posterior cingulate cortex." *Journal of Neuroscience* 35, 43 (2015): 14426–14434.

Bjork, EL, and RA Bjork. "Making things hard on yourself, but in a good way: Creating desirable difficulties to enhance learning." Chapter 5 in

Psychology and the Real World: Essays Illustrating Fundamental Contributions to Society, MA Gernsbacher, RW Pew, LM Hough,and JR Pomerantz, eds. New York: Worth Publishers, 2011, pp. 59–68.

Brown, PC, et al. *Make It Stick: The Science of Successful Learning*. Cambridge, MA: Harvard University Press, 2014.

Burton, R. *On Being Certain: Believing You Are Right Even When You're Not*. New York: St. Martin's Griffin, 2008.

Butler, AC. "Repeated testing produces superior transfer of learning relative to repeated studying." *Journal of Experimental Psychology: Learning, Memory, and Cognition* 36, 5 (2010): 1118.

Carpenter, SK, et al. "Using spacing to enhance diverse forms of learning: Review of recent research and implications for instruction." *Educational Psychology Review* 24, 3 (2012): 369–378.

Christoff, K, et al. "Mind-wandering as spontaneous thought: A dynamic framework." *Nature Reviews Neuroscience* 17, 11 (2016): 718–731.

Coffield, F. "Learning styles: Unreliable, invalid and impractical and yet still widely used." Chapter 13 in *Bad Education: Debunking Myths in Education*, P Adey and J Dillon, eds. Berkshire, UK: Open University Press, 2012, pp. 215–230.

Cowan, N. "The magical number 4 in short-term memory: A reconsideration of mental storage capacity." *Behavioral and Brain Sciences* 24, 1 (2001): 87–114.

DeCaro, MS, et al. "When higher working memory capacity hinders insight." *Journal of Experimental Psychology: Learning, Memory and Cognition* 42, 1 (2015): 39–49.

DeFelipe, J, et al. "The death of Cajal and the end of scientific romanticism and individualism." *Trends in Neurosciences* 37, 10 (2014): 525–527.

Di, X, and BB Biswal. "Modulatory interactions between the default mode network and task positive networks in resting-state." *Peer Journal* 2 (2014): e367.

Dresler, M, et al. "Mnemonic training reshapes brain networks to support superior memory." *Neuron* 93, 5 (2017): 1227–1235.e6.

Dunlosky, J, et al. "Improving students' learning with effective learning techniques: Promising directions from cognitive and educational psychology." *Psychological Science in the Public Interest* 14, 1 (2013): 4–58.

Dweck, CS. *Mindset: The New Psychology of Success*. New York: Random

House, 2006.

Ericsson, KA. "Exceptional memorizers: Made, not born." *Trends in Cognitive Sciences* 7, 6 (2003): 233–235.

——. "The influence of experience and deliberate practice on the development of superior expert performance." *Cambridge Handbook of Expertise and Expert Performance* 38 (2006): 685–705.

Ericsson, KA, and R Pool. *Peak: Secrets from the New Science of Expertise*. New York: Eamon Dolan/Houghton Mifflin Harcourt, 2016.

Felder, RM. "Memo to students who have been disappointed with their test grades." *Chemical Engineering Education* 33, 2 (1999): 136–137.

Gallistel, CR, and LD Matzel. "The neuroscience of learning: Beyond the Hebbian synapse." *Annual Review of Psychology* 64, 1 (2013): 169–200.

Gobet, F, et al. "What's in a name? The multiple meanings of 'chunk' and 'chunking.'" *Frontiers in Psychology* 7 (2016): 102.

Guida, A, et al. "Functional cerebral reorganization: A signature of expertise? Reexamining Guida, Gobet, Tardieu, and Nicolas' (2012) two-stage framework." *Frontiers in Human Neuroscience* 7, doi: 10.3389/fnhum.2013.00590. eCollection (2013): 590.

Guida, A, et al. "How chunks, long-term working memory and templates offer a cognitive explanation for neuroimaging data on expertise acquisition: A two-stage framework." *Brain and Cognition* 79, 3 (2012): 221–244.

Guskey, TR. "Closing achievement gaps: Revisiting Benjamin S. Bloom's 'Learning for Mastery.'" *Journal of Advanced Academics* 19, 1 (2007): 8–31.

Hunt, A, and D Thomas. *The Pragmatic Programmer: From Journeyman to Master.* Reading, MA: Addison-Wesley Professional, 1999.

Karpicke, JD, and A Bauernschmidt. "Spaced retrieval: Absolute spacing enhances learning regardless of relative spacing." *Journal of Experimental Psychology: Learning, Memory, and Cognition* 37, 5 (2011): 1250.

Karpicke, JD, and JR Blunt. "Retrieval practice produces more learning than elaborative studying with concept mapping." *Science* 331, 6018 (2011): 772–775.

Kirschner, PA, et al. "Why minimal guidance during instruction does not work: An analysis of the failure of constructivist, discovery, problem-based, experiential, and inquiry-based teaching." *Educational Psychologist* 41, 2 (2006): 75–86.

Lin, T-W, and Y-M Kuo. "Exercise benefits brain function: The monoamine connection." *Brain Sciences* 3, 1 (2013): 39–53.

Lu, B, et al. "BDNF-based synaptic repair as a disease-modifying strategy for neurodegenerative diseases." *Nature Reviews: Neuroscience* 14, 6 (2013): 401.

Luksys, G, and C Sandi. "Synaptic mechanisms and cognitive computations underlying stress effects on cognitive function." Chapter 12 in *Synaptic Stress and Pathogenesis of Neuropsychiatric Disorders*, M Popoli, D Diamond, and G Sanacora, eds. New York: Springer, 2014, pp. 203–222.

Maguire, EA, et al. "Routes to remembering: The brains behind superior memory." *Nature Neuroscience* 6, 1 (2003): 90.

Moussa, M, et al. "Consistency of network modules in resting-state fMRI connectome data." *PLoS ONE* 7, 8 (2012): e44428.

Oakley, BA. *A Mind for Numbers: How to Excel at Math and Science*. New York: Tarcher/Penguin, 2014.

Oakley, BA. *Mindshift: Break Through Obstacles to Learning and Discover Your Hidden Potential*. New York: TarcherPerigee, 2017.

Partnoy, F. *Wait: The Art and Science of Delay*. New York: PublicAffairs, 2012.

Patston, LL, and LJ Tippett. "The effect of background music on cognitive performance in musicians and nonmusicians." *Music Perception: An Interdisciplinary Journal* 29, 2 (2011): 173–183.

Phillips, DC. "The good, the bad, and the ugly: The many faces of constructivism." *Educational Researcher* 24, 7 (1995): 5–12.

Qin, S, et al. "Hippocampal-neocortical functional reorganization underlies children's cognitive development." *Nature Neuroscience* 17 (2014): 1263–1269.

Ramón y Cajal, S. *Recollections of My Life*. Cambridge, MA: MIT Press, 1937 (reprint 1989). Originally published as *Recuerdos de Mi Vida* in Madrid, 1901–1917, translated by EH Craigie.

Rittle-Johnson, B, et al. "Not a one-way street: Bidirectional relations between procedural and conceptual knowledge of mathematics." *Educational Psychology Review* 27, 4 (2015): 587–597.

Roediger, HL, and MA Pyc. "Inexpensive techniques to improve education: Applying cognitive psychology to enhance educational practice." *Journal of Applied Research in Memory and Cognition* 1, 4 (2012): 242–248.

Rogowsky, BA, et al. "Matching learning style to instructional method: Effects on comprehension." *Journal of Educational Psychology* 107, 1 (2015): 64–78.

Rohrer, D, et al. "The benefit of interleaved mathematics practice is not limited to superficially similar kinds of problems." *Psychonomic Bulletin Review* (2014): 1323–1330.

Rohrer, D, and H Pashler. "Recent research on human learning challenges conventional instructional strategies." *Educational Researcher* 39, 5 (2010): 406–412.

Rupia, EJ, et al. "Fight-flight or freeze-hide? Personality and metabolic phenotype mediate physiological defence responses in flatfish." *Journal of Animal Ecology* 85, 4 (2016): 927–937.

Sapolsky, RM. "Stress and the brain: Individual variability and the inverted-U." *Nature Neuroscience* 18, 10 (2015): 1344–1346.

Schenk, S, et al. "Games people play: How video games improve probabilistic learning." *Behavioural Brain Research* 335, Supplement C (2017): 208–214.

Scullin, MK, et al. "The effects of bedtime writing on difficulty falling asleep: A polysomnographic study comparing to-do lists and completed activity lists." *Journal of Experimental Psychology: General* 147, 1 (2018): 139.

Settles, B, and Hagiwara, M. "The best time of day to learn a new language, according to Duolingo data," *Quartz*, Feb 26, 2018. https://qz.com/1215361/the-best-time-of-day-to-learn-a-new-language-according-duolingo-data.

Shenhav, A, et al. "Toward a rational and mechanistic account of mental effort." *Annual Review of Neuroscience* 40, 1 (2017): 99–124.

Shih, Y-N, et al. "Background music: Effects on attention performance." *Work* 42, 4 (2012): 573–578.

Smith, AM, et al. "Retrieval practice protects memory against acute stress." *Science* 354, 6315 (2016).

Sweller, J, et al. *Cognitive Load Theory*. New York: Springer, 2011.

Szuhany, KL, et al. "A meta-analytic review of the effects of exercise on brain-derived neurotrophic factor." *Journal of Psychiatric Research* 60 (2015): 56–64.

Thompson, WF, et al. "Fast and loud background music disrupts reading comprehension." *Psychology of Music* 40, 6 (2012): 700–708.

Thurston, WP. "Mathematical education." *Notices of the American Mathematical Society* 37, 7 (1990): 844–850.

van der Schuur, WA, et al. "The consequences of media multitasking for youth: A review." *Computers in Human Behavior* 53 (2015): 204–215.

Van Praag, H. "Exercise and the brain: Something to chew on." *Trends in Neurosciences* 32, 5 (2009): 283–290.

Van Praag, H, et al. "Running enhances neurogenesis, learning, and long-term potentiation in mice." *Proceedings of the National Academy of Sciences of the United States of America* 96, 23 (1999): 13427–13431.

Vlach, HA, and CM Sandhofer. "Distributing learning over time: The spacing effect in children's acquisition and generalization of science concepts." *Child Development* 83, 4 (2012): 1137–1144.

Waitzkin, J. *The Art of Learning: An Inner Journey to Optimal Performance*. New York: Free Press, 2008.

Walker, M. *Why We Sleep: Unlocking the Power of Sleep and Dreams*. New York: Scribner, 2017.

White, HA, and P Shah. "Creative style and achievement in adults with attention-deficit/hyperactivity disorder." *Personality and Individual Differences* 50, 5 (2011): 673–677.

Willingham, D. *Why Don't Students Like School? A Cognitive Scientist Answers Questions About How the Mind Works and What It Means for the Classroom*. San Francisco, CA: Jossey-Bass, 2010.

Xie, L, et al. "Sleep drives metabolite clearance from the adult brain." *Science* 342, 6156 (2013): 373–377.

Yang, G, et al. "Sleep promotes branch-specific formation of dendritic spines after learning." *Science* 344, 6188 (2014): 1173–1178.

Zull, JE. *The Art of Changing the Brain: Enriching the Practice of Teaching by Exploring the Biology of Learning*. Sterling, VA: Stylus Publishing, 2002.

尾　　注

第2章　举重若轻

1. 恭喜你读到了本书末尾的这个部分。这是第一条尾注。这里的大部分尾注都是为更成熟的读者准备的，他们可能有兴趣查找我们在本书中提出的一些观点的出处。我们不能提供所有出处，不然尾注部分的内容会远远超出书的其余部分，但我们可以提供一些我们认为比较重要、有趣的资料来源。研究工作做得很透彻的书籍通常都有尾注，所以你可以自己查看一本书背后的研究工作是否足够扎实。尾注还提供了书作者所感兴趣的其他信息，但这算是某种副话题了。有时候，某条注释应该是作为脚注还是尾注会让人感到难以定夺。如果你跳过尾注没看，也不必担心什么。

　　本书中的第一条尾注提供了更多关于专注模式的信息。认知心理学家将专注模式的小型网络称为“任务正激活网络”。有两位分别名叫 Xin Di 和 Bharat B.Biswal 的科学家于 2014 年发表了一篇关于这个概念的论文。我将把这篇论文简称为“Di and Biswal，2014”。你可以在参考文献列表中找到关于这篇论文的更完整的信息。

神经科学家对于这本书中所说的“发散”模式有着不同的观点。有时候，研究者认为这种模式是由许多不同的神经静息状态组成的（Moussa et al.，2012）。有时候，他们又认为这种模式是“默认模式神经网络”的另一种不同的形式。参见参考文献部分中列出的 Kalina Christoff 及其合著者的论文，以了解大脑放松时所使用的不同大脑部分的详细信息（Christoff et al.，2016）。（注意，我们经常使用“ et al.”来表示所有其余的作者。）友情提示：Christoff 的论文和我们在尾注中推荐的许多论文一样，都是相当深奥的。

2. 感谢 Joanna Łukasiak-Hołysz。
3. https://www.famousscientists.org/7-great-examples-of-scientific-discoveries-made-in-dreams/。
4. 按照下图所示移动硬币。你看出来新三角形顶角朝下了吗？

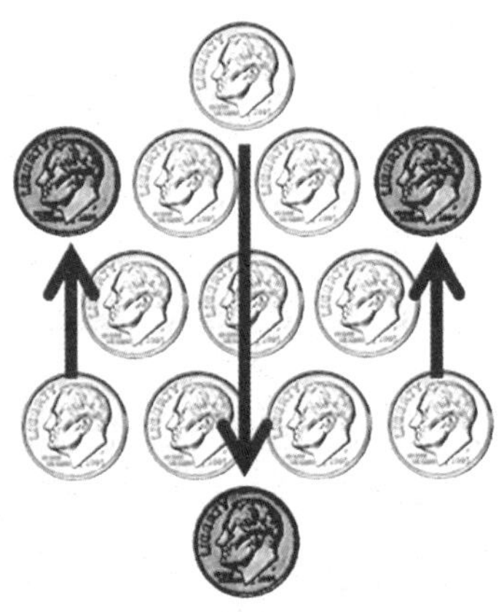

第 3 章　我等一下会做的，真的！

1. Karpicke and Blunt，2011；Bird et al.，2015.
2. Smith et al.，2016. 注意，我们所说的“主动回忆”在文献中通常被称为“检索练习”(retrieval practice)。
3. Karpicke and Blunt，2011.

第 4 章　大脑链接以及与外星人同乐

1. Ramón y Cajal，1937 (reprint 1989).
2. 是的，我们知道有血清素参与其中，但我们选择避免把这一问题进一步复杂化。
3. 人们常说这个短语是由加拿大神经心理学家 Donald Hebb 于 1949 年率先使用的，但这个短语只是简单总结了 Hebb 众多重要理念中的一个。任何神经科学家都会告诉你，Hebb 的理论比这复杂多了。
4. 在我们的书中，我们使用“大脑链接组”这一短语，我们将创建大脑链接组的过程称为链接。然而，神经科学家会分别使用组块（名词，chunk）和组块（动词，chunking）（参见 Guida et al.，2013；Guida et al.，2012）。认知心理学家则使用心理表征这一术语来表达类似的概念（参见 Ericsson and Pool，2016）。我们选择使用大脑链接这一用语是因为，chunk 一词虽然在神经科学中获得了广泛认可，但却可能造成困惑。(关于此类困惑的讨论详情，参见 Gobet et al.，2016。) 另一方面，心理表征一语缺乏神经元连通性的感觉，而“大脑链接”一语却能做到这一点。

5. Anacker and Hen，2017.

6. 学习也似乎能刺激新神经元的产生。新神经元的诞生和生长被称为“神经发生”。这是当今神经科学中一个非常热门的领域，研究人员还有很多东西需要了解。参见 Anacker and Hen，2017。

   我想提醒读者，本书所做的，是为一些重要的过程绘制一幅简单的示意图。学习和记忆还包括很多其他的过程。例如，参见 Galistel and MaZeL，2013。

7. 你练习得越多，你的大脑链接就越强大。其真实过程比我们在这里用象征性的大脑链接中的两对神经元所展示的要复杂得多。在现实中会发生以下过程：单个突触的连接性增强；更多的突触和神经元可能加入该组链接；会出现髓鞘形成（myelination）这一过程，它能阻隔并加速信号传递；还有许多其他过程会展开。

8. 参见 Anderson，2014。

9. 智慧比金钱更重要。人生就像一出戏：每个人都在扮演不同的角色，在某种程度上都是在表演。

10. 感谢 Elena Benito 对本章内容提出的看法（电子邮件，2017 年 11 月）。

第 6 章 在睡眠中学习

1. Yang et al.，2014.
2. Carpenter et al.，2012；Vlach and Sandhofer，2012.
3. Karpicke and Bauernschmidt，2011.

第 7 章 书包、储物柜和你的注意力章鱼

1. 关于记忆的最佳研究型书籍之一是 Baddeley et al.，2009。
2. Cowan，2001。所以，严格说来，它应该叫作“四爪鱼”。
3. Qin et al.，2014.
4. Anguera et al.，2013.

第 8 章 增强记忆力的巧妙方法

1. 这条注释是针对那些更高阶段的学习者的，他们或许对大脑有着更好的了解。你可能想知道语义和情境记忆之间真正的生物学区别是什么。我们现在所能告诉你的就是，语义记忆似乎与前额叶皮质和颞叶皮质有关，而情境记忆则至少在一开始与海马体有关，但是在理解记忆方面还有很多工作要做！
2. 你也可以在 Nelson 的 YouTube 视频上找到这些窍门：https://

www.youtube.com/watch?v=bEx60e_45-Q。

3. Ericsson，2003；Maguire et al.，2003；Dresler et al.，2017.

4. Hunt and Thomas，1999，p. 95.

5. Nelson Dellis 写给 Barb Oakley 的邮件，2017 年 9 月 2 日。

第 9 章　为什么大脑链接很重要

1. 在前面的章节中我们提到过，我们所说的大脑链接组，神经科学家有时称之为神经组块，认知心理学家则称之为心理表征。

2. 长时记忆潜藏在大脑中许多不同网络的解剖组织中。感觉输入，或是来自其他大脑区域的输入，可以用电的和生化的方式激活神经元的一个子集。所以当我们说“链接”时，我们实际上是指“激活”。

3. Rittle-Johnson et al.，2015.

4. 关于该领域的讨论详情，参见 *A Mind for Numbers*，第 184 页起，以及附带的尾注。

5. Partnoy，2012，p. 73. Partnoy 继续指出：“有时候，对于我们在无意识中做什么事情有所了解之后，可能会扼杀我们的天然自发性。如果我们的自我意识过于强烈，那么当我们需要本能的时候，就可能会阻碍它们。然而，如果我们一点自我意识也没有，那么我们就永远无法改善我们的本能。我们在几秒钟内面

临的挑战是，既要意识到影响我们决策的因素……但这意识也不能强烈到使它们变得僵化并失效。”（第 111 页）

6. Guskey，2007.
7. Sweller et al.，2011.
8. Shenhav et al.，2017；van der Schuur et al.，2015.
9. 感谢 Elena Benito 对本章内容提出的看法（电子邮件，2017 年 11 月）。

第 11 章 如何鼓励你的大脑

1. Van Praag et al.，1999.
2. Szuhany et al.，2015.
3. Lu et al.，2013.
4. Van Praag，2009.
5. Lin and Kuo，2013.

第 12 章 建立大脑链接

1. Thurston，1990，pp. 846–847.
2. Ericsson，2006.
3. Butler，2010. 有两篇论文讨论了对学生而言似乎最有效的学习方法，分别是：Roediger and Pyc，2012；Dunlosky et al.，2013。涵盖了学习方面最新研究成果以及如何将之运用于生活中的成年人书籍有 Brownetal.，2014，当然还有：Oakley，2014；Oakley，2017。Robert 和 Elizabeth Bjork 关于“有益的困难”的著述在这里也具有重要意义，其概述参见 Bjork and Bjork，2011。

4. Rohrer and Pashler，2010；Rohrer et al.，2014.
5. Phillips，1995；Kirschner et al.，2006.
6. Rittle-Johnson et al.，2015.
7. 感谢 Zella McNichols 对这一想法的启发（电子邮件，Jeremiah McNichols，2017 年 12 月 7 日）。

第 13 章 问自己重要的问题

1. Baddeley et al.，2009，chapter 8.
2. 这一节中的部分信息取自 Barb 在 Mindshift MOOC 中的视频：https://www.coursera.org/learn/mindshift/lecture/K0N78/2-9-integrate-all-your-senses-into-learning-the-pitfalls-of-learning-styles。另，参阅 Beth Rogowsky 的研究：Rogowsky et al.，2015。以及 Beth 与 Terry 的在线研讨会：http://www.brainfacts.org/sensing-thinking-behaving/learning-and-memory/articles/2016/learning-styles-hurt-learning-101216/。在这次研讨会中，Beth 提出了一

个重要的观点，即那些特别强调“按照正确的学习方式进行教学”的教师可能会让自己陷于被起诉的境地。其他资源包括：Coffield，2012，以及 2010 年在威灵厄姆举行的卓越讨论。

3. Xie et al.，2013.
4. Walker，2017.
5. 根据这些理念，最近的一项研究（Settles & Hagiwara，2018）显示，语言学习应用程序 Duolingo 上成绩最好的学习者都是每晚睡觉前进行复习的人，包括周末。
6. Patston and Tippett，2011 ；Shih et al.，2012 ；Thompson et al.，2012.
7. 感谢 KalyaniKandula（电子邮件，2017 年 11 月 22 日）。

第 14 章　学习中的惊喜

1. Bavelier et al.，2012；Anguera et al.，2013；Schenk et al.，2017.
2. DeCaro et al.，2015.
3. White and Shah，2011.

第 15 章　如何在考试中取得好成绩

1. Belluck，2011；Karpicke and Blunt，2011.

2. 如想获取关于 STEM 学科学习的丰富多样的有用信息，请访问 Felder 博士的网站：http://www4.ncsu.edu/unity/lockers/users/f/felder/public/。他的原始备考清单请查阅 Felder，1999。

3. Smith et al.，2016.

4. Sapolsky，2015；Luksys and Sandi，2014.

5. Beilock，2010，pp. 140–141.

6 Rupia et al.，2016.

第 16 章　从“不得不学”到“有机会学”

1. DeFelipc et al.，2014.

2. Burton，2008.

章末问题解答

1. 隐喻部分感谢在 Mindshift MOOC 上发表评论的 Vikrant Karandikar、Juan Fran Gómez Martín，以及 Dennise Cepeda。

关于作者和插图作者

芭芭拉·奥克利博士（Dr. Barbara Oakley）是畅销书《思维转换》和《学习之道》的作者，后者已经被翻译成十几种语言。她与特伦斯·谢诺夫斯基共同创建了大型在线开放课程“学会如何学习：帮助你掌握困难科目的强大思维工具”，并共同授课。这是世界上最受欢迎的大型开放式在线课程，拥有数以百万计的学生。奥克利已经被《纽约时报》和《华尔街日报》等多家出版媒体进行了报道。

奥克利在公司、大学和各种各样的社团和机构中进行广泛的演讲。她在几十个国家举行了关于有效学习和有效教学的富有洞察力的主题演讲和研讨会。作为麦克马斯特大学全球数字学习拉蒙－卡哈尔杰出学者，她在全世界举办制作有效在线教材的研讨会并提供相关咨询。

奥克利也是密歇根州电气和电子工程师学会（IEEE）研究员，密歇根州年度杰出教授，以及密歇根州罗切斯特市奥克兰大学的工程学教授。她的研究和兴趣使她同时从事神经科学研究和MOOC课程的制作工作。她的关注点是通过提供基于神经科学研究的实用性见解来改进世界各地的教育。她获得了一些工程学的最高教学奖项，其中包括因在STEM教育学领域的杰出技术创新而获得的美国工程教育协会切斯特·F.卡尔森奖，以及因在生物工程教育方面的杰出工作而获得的西奥·L.皮尔金顿奖。有关她的工作的更多详情请见：barbaraoakley.com。

特伦斯（特里）·约瑟夫·谢诺夫斯基博士（Dr. Terrence（Terry）Joseph Sejnowski）是霍华德·休斯医学研究所的研究员，以及索尔克生物研究所的弗朗西斯·克里克教授，在那里负责计算神经生物学实验室。2004年，他被任命为索尔克研究所的弗朗西斯·克里克教授以及索尔克研究所理论和计算生物学克里克－雅各布斯中心主任。谢诺夫斯基还是加州大学圣地亚哥分校的神经科学系、心理学系、认知科学系、计算机科学系以及工程系的生物科学教授和兼职教授，他是该校神经计算研究所的联席主任。

谢诺夫斯基与杰弗里·辛顿（Geoffrey Hinton）共同发明了玻尔兹曼机，并率先将学习算法应用于语音（NETtalk）和视觉中的难题。他和托尼·贝尔（Tony Bell）开发的独立成分分析（ICA）的信息最大化算法在机器学习、信号处理和数据挖掘中得到了广泛的应用。1989 年，他创办了《神经计算》(*Neural Computation*)，一本神经网络和计算神经科学的领先期刊，由麻省理工学院出版社出版。他还是神经信息处理系统基金会的主席，这是一个非营利组织，负责监管每年的神经信息处理系统会议。特里是世界上仅存的同时入选美国全部三个国家科学院（科学、医学和工程学）的 12 名科学家之一。

阿利斯泰尔·麦康维尔（Alistair McConville）是英国汉普郡比得莱斯学校的学习和创新部主任。他在剑桥大学学习神学，之后在几所英国独立学校教授哲学、宗教研究和古典文学。自从于 2012 年参与了哈佛的“思想、大脑和教育运动”以来，他就对神经科学和教育学很感兴趣。他曾在《思想、大脑、教育》（*Mind, Brain, and Education*）杂志上发表过文章，并为《泰晤士报教育副刊》撰写更广泛的教育方面的文章。他曾在英国的一系列教育会议上发言。

麦康维尔是一名独立学校督察和校监，并担任伊顿公学创新和研究中心指导委员会委员。他是“研究学校国际运动”的积极参与者，该运动致力于将教育研究与课堂实践联系起来。在比得莱斯学校，他负责监督一门独特的渐进式课程。除了养育三个孩子之外，他还饲养猪、蜜蜂和鸡。他现在拥有化学中等教育普通证书（GCSE）。

奥利弗·扬（Oliver Young）在一所英语中学教授设计和技术课，他的学生是一系列独立及政府资助机构中的青少年。他曾在英国伦敦的圣马丁艺术学院学习，在成为教育者之前一直从事技术插画工作。他在学校的 F1 比赛中成绩斐然，并获得了伦敦城市行业协会的计算机辅助设计参数化建模奖。扬曾与一个叫作夏尔肖克的机器人一同出演了电视剧《机器人大战》（*Robot Wars*），他还为设计和技术协会的杂志《设计》（*Designing*）撰写过很多关于计算机辅助设计和制造的文章。他是极地车床工人和绿色木工协会的积极成员，也是漫画小说《一只叫乔的变形虫》（*An Amoeba Called Joe*）的作者。他还是三个孩子的父亲，支持阿森纳足球俱乐部，并在一个摇滚乐队里弹吉他。有关奥利弗的工作的更多详情请见：oliveryoung.com。

芭芭拉·奥克利博士的其他著作

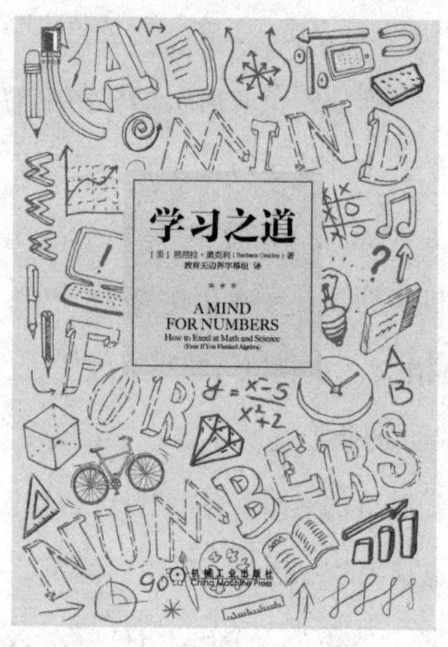

如果你觉得数学很难，会在科学课上睡觉，现在你有希望了。在《学习之道》（中文版已由机械工业出版社于2016年11月出版）中，博学家芭芭拉·奥克利揭示了如何开启大脑的分析能力，让我们能够学会如何学习。这本书应该成为学生们（以及我母亲）的必读书。

——亚当·格兰特（Adam Grant）

《纽约时报》畅销书《沃顿商学院最受欢迎的思维课》（*Give and Take*）作者

《跨越式成长：思维转换重塑你的工作和生活》是任何寻求重启、重置或重塑人生者的必读书籍。奥克利走遍全球并跨越众多学科，解释了在职业生涯中采取'π'态度的重要性，为什么忧患往往能助你取得成功，为什么消极的特征中可能隐藏着优势，以及为什么拓展你的爱好比追随它更为明智。《思维转换》一书中充满了富有启发性的故事和实用的技巧，它可能改变你的人生。

——丹尼尔·H. 平克（Daniel H. Pink）

《纽约时报》畅销书《驱动力》（*Drive*）和

《全新思维》（*A Whole New Mind*）作者

高效学习

《刻意练习：如何从新手到大师》

作者：[美] 安德斯·艾利克森 罗伯特·普尔 译者：王正林

销量达200万册！
杰出不是一种天赋，而是一种人人都可以学会的技巧
科学研究发现的强大学习法，成为任何领域杰出人物的黄金法则

《学习之道》

作者：[美] 芭芭拉·奥克利 译者：教育无边界字幕组

科学学习入门的经典作品，是一本真正面向大众、指导实践并且科学可信的学习方法手册。作者芭芭拉本科专业（居然）是俄语。从小学到高中数理成绩一路垫底，为了应付职场生活，不得不自主学习大量新鲜知识，甚至是让人头疼的数学知识。放下工作，回到学校，竟然成为工程学博士，后留校任教授

《如何高效学习》

作者：[加] 斯科特·扬 译者：程冕

如何花费更少时间学到更多知识？因高效学习而成名的“学神”斯科特·扬，曾10天搞定线性代数，1年学完MIT4年33门课程。掌握书中的“整体性学习法”，你也将成为超级学霸

《科学学习：斯坦福黄金学习法则》

作者：[美] 丹尼尔·L.施瓦茨 等 译者：郭曼文

学习新境界，人生新高度。源自斯坦福大学广受欢迎的经典学习课。斯坦福教育学院院长、学习科学专家力作；精选26种黄金学习法则，有效解决任何学习问题

《学会如何学习》

作者：[美] 芭芭拉·奥克利 等 译者：汪幼枫

畅销书《学习之道》青少年版；芭芭拉·奥克利博士揭示如何科学使用大脑，高效学习，让“学渣”秒变“学霸”体质，随书赠思维导图；北京考试报特约专家郭俊彬博士、少年商学院联合创始人Evan、秋叶、孙思远、彭小六、陈章鱼诚意推荐

更多>>>

《如何高效记忆》 作者：[美] 肯尼思·希格比 译者：余彬晶
《练习的心态：如何培养耐心、专注和自律》 作者：[美] 托马斯·M.斯特纳 译者：王正林
《超级学霸:受用终身的速效学习法》 作者：[挪威] 奥拉夫·舍韦 译者：李文婷

逻辑思维

《学会提问（原书第12版）》

作者：[美] 尼尔·布朗 斯图尔特·基利 译者：许蔚翰 吴礼敬

批判性思维入门经典，授人以渔的智慧之书，豆瓣万人评价8.3高分。独立思考的起点，拒绝沦为思想的木偶，拒绝盲从随大流，防骗防杠防偏见。新版随书赠手绘思维导图、70页读书笔记PPT

《批判性思维（原书第12版）》

作者：[美] 布鲁克·诺埃尔·摩尔 理查德·帕克 译者：朱素梅

10天改变你的思考方式！备受优秀大学生欢迎的思维训练教科书，连续12次再版。教你如何正确思考与决策，避开“21种思维谬误”。语言通俗、生动，批判性思维领域经典之作

《批判性思维工具（原书第3版）》

作者：[美] 理查德·保罗 琳达·埃尔德 译者：侯玉波 姜佟琳 等

风靡美国50年的思维方法，批判性思维权威大师之作。耶鲁、牛津、斯坦福等世界名校最重视的人才培养目标，华为、小米、腾讯等创新型企业最看重的能力——批判性思维！有内涵的思维训练书，美国超过300所高校采用！学校教育不会教你的批判性思维方法，打开心智，提早具备未来创新人才的核心竞争力

《思考的艺术（原书第11版）》

作者：[美] 文森特·赖安·拉吉罗 译者：宋阳 等

《学会提问》进阶版，批判性思维领域权威大师之作，兼具科学性与实用性，不能错过的思维技能训练书，已更新至第11版！将批判性思维能力运用于创造性思维、写作和演讲

《逻辑思维简易入门（原书第2版）》

作者：[美] 加里·西伊 苏珊娜·努切泰利 译者：廖备水 雷丽赟

逻辑思维是处理日常生活中难题的能力！简明有趣的逻辑思维入门读物，分析生活中常见的非形式谬误，掌握它，不仅思维更理性，决策更优质，还能识破他人的谎言和诡计

更多>>>

《说服的艺术》 作者：[美] 杰伊·海因里希斯 译者：阎佳

《有毒的逻辑：为何有说服力的话反而不可信》 作者：[美] 罗伯特 J.古拉 译者：邹东

《学会提问（原书第12版·中英文对照学习版）》 作者：[美] 尼尔·布朗 斯图尔特·基利 译者：许蔚翰 吴礼敬

脑与认知

《重塑大脑，重塑人生》

作者：[美] 诺曼·道伊奇 译者：洪兰

神经可塑性领域的经典科普作品，讲述该领域科学家及患者有趣迷人的奇迹故事。

作者是四次获得加拿大国家杂志写作金奖、奥利弗·萨克斯之后最会讲故事的科学作家道伊奇博士。

果壳网创始人姬十三强力推荐，《最强大脑》科学评审魏坤琳、安人心智董事长阳志平倾情作序

《具身认知：身体如何影响思维和行为》

作者：[美] 西恩·贝洛克 译者：李盼

还以为是头脑在操纵身体？原来，你的身体也对头脑有巨大影响！这就是有趣又有用的"具身认知"！

一流脑科学专家、芝加哥大学心理学系教授西恩·贝洛克教你全面开发使用自己的身体和周围环境。

提升思维、促进学习、改善记忆、激发创造力、改善情绪、做出更好决策、理解他人、帮助孩子开发大脑

《元认知：改变大脑的顽固思维》

作者：[美] 大卫·迪绍夫 译者：陈舒

元认知是一种人类独有的思维能力，帮助你从问题中抽离出来，以旁观者的角度重新审视事件本身，问题往往迎刃而解。

每个人的元认知能力也是不同的，这影响了学习效率、人际关系、工作成绩等。

通过本书中提供的心理学知识和自助技巧，你可以获得高水平的元认知能力

《大脑是台时光机》

作者：[美] 迪恩·博南诺 译者：闾佳

关于时间感知的脑洞大开之作，横跨神经科学、心理学、哲学、数学、物理、生物等领域，打开你对世界的崭新认知。神经现实、酷炫脑、远读重洋、科幻世界、未来事务管理局、赛凡科幻空间、国家天文台屈艳博士联袂推荐

《思维转变：社交网络、游戏、搜索引擎如何影响大脑认知》

作者：[英] 苏珊·格林菲尔德 译者：张璐

数字技术如何影响我们的大脑和心智？怎样才能驾驭它们，而非成为它们的奴隶？很少有人能够像本书作者一样，从神经科学家的视角出发，给出一份兼具科学和智慧洞见的答案

更多>>>

《潜入大脑：认知与思维升级的100个奥秘》 作者：[英] 汤姆·斯塔福德 等 译者：陈能顺

《上脑与下脑：找到你的认知模式》 作者：[美] 斯蒂芬·M. 科斯林 等 译者：方一雲

《唤醒大脑：神经可塑性如何帮助大脑自我疗愈》 作者：[美] 诺曼·道伊奇 译者：闾佳